그래도 사는 동안
덜 괴롭고 싶다면

그래도
사는 동안
덜 괴롭고 싶다면

인생에 도움이 되는
어느 상담사의 노트

미래의창

안녕하세요,

저는 임상심리전문가 최효주입니다. 임상심리사는 심리검사를 진행하고 심리평가 보고서를 작성하는 일을 주로 하는 사람입니다. 심리평가 과정에서는 한 사람을 여러 번 만나기보다는 대체로 새로운 사람들과 만납니다. 처음에는 만나는 사람이 워낙 제각각이니 듣는 이야기나 제가 하는 이야기도 제각각이겠거니 했습니다. 하지만 사람과 상황이 다를 뿐이지 어떤 주제는 비슷하거나 반복되었고, 저는 자주 반복되는 주제와 이야기를 모아 제가 주로 사용하던 SNS인 트위터(현재 X)에 올렸습니다. 2019년 늦여름쯤이었습니다. 무슨 바람이 불어서 그랬는지 정확하게 떠오르지는 않지만, 베개를 베고 누워서 눈물을 흘리면서 그 글들을 써 내려갔던 기억은 납니다.

그렇게 쓰인 17개의 트윗을 많은 분이 리트윗Re-tweet해주셨고, 댓글로 공감도 남겨주셨습니다. 트위터 외의 다른 SNS에 퍼 날라지기도(?) 했습니다. 아직도 간간이 리트윗되고 있는 중입니다. 감사하게도 그 글이 많은 분의 호응을 얻은 것을 계기로 이렇게 출판 제의를 받게 되었습니다.

심리학을 공부하면서 가장 좋았던 건, '사람을 있는 그대로 수용하라'는 가르침을 배운 것입니다. 심리학적 지식과 경험을 토대로 다양한 이들을 만나면서 제일 좋았던 것도 사람을 있는 그대로 수용하는 일이 어떤 것인지, 얼마나 좋은 경험인지, 또 왜 좋은 것인지를 알게 되었다는 점입니다. 그렇기에 이 경험을 많은 사람과 나누고 싶었습니다.

'사람을 있는 그대로 수용'하는 것에는 '현실을 있는 그대로 수용'하는 일도 포함됩니다. 이 책에서 저는 자신의 조건과 결함, 나약함을 담백하게 받아들이고, 자신이 처한 환경과 주위 사람들의 문제점을 담담히 수용하려면 어떻게 해야 하는지에 대한 구체적인 이야기를 하려 합니다. '내 마음에 안 드는 나의 어떤 하찮은 부분'은 '나라서'가 아니라 '내가 인간이라서' 가진 것뿐이라는 생각을 여러분과도 나누고 싶습니다. 자신을 포함한 주변 사람들이 부족한 점이나 문제점을 가졌다는 사실이 못내 아쉽고 못마땅할 수 있어요. 하지만 이러한 현실을 결국은 받아들여야 하고, 기대를 현실적으로 조정해야 합니다. 이게, 말은 쉬운데요. 자신에게 적용하는 건 아주 어렵습니다.

사실 '수용'을 주제로 하는 책이나 이론은 정말 많습니다. 아마 이 책도 내용 면에서는 전혀 새롭지는 않을 거예요. 그래도 읽는 분들이 보다 쉽게 이해하고 받아들이기 수월하게 전달해보려고 합니다.

책은 크게 세 부분으로 나뉩니다. 1부는 '인간인 나'를 수용하는 것에 대한 내용입니다. 2부는 '다른 사람들과의 불편한 관계'를 수용하는 일에 대한 내용이고, 마지막 3부에는 대부분의 사람이 겪는 일상적인 갈등이나 문제에 대응할 만한 소소하면서도 실천하기 쉬운 팁들을 실어두었습니다.

세상이 점점 더 혼란스러워지고 있습니다. 옳고 그름에 대한 기준도 분명하지 않고, 하루가 다르게 대수로운 일들이 벌어지며 삶을 방해하는 유혹이 많아지는 것 같네요. 이 책이 그렇게 거창한 내용은 아니지만, 각각의 주제로 고민하는 분들에게 잠깐이나마 위로가 되었으면 합니다. 마음을 차분하게 정리하거나 가다듬는 데 참고가 되면 좋겠습니다. 글을 통해 위로와 응원, 지지와 공감을 받았다고 느낄 수 있길 바랍니다. 나아가 책을 읽고 나서 '그래, 나도 너도 그냥 사람이구나' 하며 이전보다는 자신과 주변의 사람들을 어여쁘고 따뜻하게 바라봐줄 수 있다면 더할 나위 없겠습니다.

다만 삶이 너무 고통스럽고 마음의 상처가 깊은 분에게는 책에 적힌 내용이 오히려 더 아프게 읽힐 수도 있을 것 같습니다. 심리평가와 심리상담을 해온 경험을 바탕으로 정리된 내용이라고 하더라도, 이 책을 읽는 경험이 심리상담을 대체하기는 힘들 거라 생각합니다. 만약 책을 읽은 후로 마음의 상처가 더 아프게 느껴진다면 가까운 상담소에 가보기를 권합니다. 마음의 상처를 돌보는 데 도움이 될 거예요.

목차

2부　　　　　　　　**'너'와 잘 지내면서 '우리'를 돌보는 법**

1부

내 마음,
혼자서도 잘 다스리는 법

• • •

내 몸도, 내 마음도 다 '내 편'이다.

나를 이루는 많은 부분과 팀 플레이를 해보자.

1장

우선은
건강관리

다정과 친절도 체력에서 나옵니다

자꾸 싸우게 되거나 섭섭하거나 미안해지면,
우선 잘 자고, 잘 먹고,
가능하다면 근력 운동을 하세요.

 001

일이 많아서 또는 너무 어려운 일을 하고 있어서 쉬지도 못하고 하루하루 힘들게 지내는 중에는, 내 실수로 상대방에게 타박을 받는 것도 서럽고, 힘들어하는 나를 무심하게 대하는 상대방이 미워지기도 합니다. 이런 상황에서는 내가 느끼는 불편한 기분과 나에게 신경을 쓰지 않는 듯한 상대방의 태도가 무척 크게 다가옵니다. 상대방에 대한 섭섭함이 커지면 신경질이 나기도 해요. 하지만 정작 분풀이를 하며 짜증을 내고 나면 창피하고 미안한 마음이 몰려옵니다. 이게 다 무심하고 이기적인 상대방 때문인 것 같기도 하고, 충분히 성숙하지 못해 감정 조절에 실패한 나 때문인 것 같기도 하죠.

그런데 이렇게 다양한 감정이 소용돌이치는 상황에서는 '마음'만큼이나 '일이 많다, 쉬지도 못한다'라는 사실 자체가 중요할 수 있습니다. 물론 자신과 타인에 대한 마음 씀씀이라든가 관대함은 심리적인 성숙과 관련되어 있지만, 몸이 제대로 쉬지 못하면 인내심은 자연스레 줄어듭니다. "곳간에서 인심 난다"라는 속담이 있습니다. 인내심의 곳간은 몸입니다. 체력이 좋은 사람이 자신과 타인을 대할 때도 관대합니다. 그러니 타인에게 좀 더 친절하고 다정할 수 있는 겁니다.

반대로 체력이 나쁘면 더 쉽게 실망하고 짜증스러워집니다. 이에 관한 사례는 굳이 멀리서 찾지 않아도 됩니다. 잠을 충분히 못 자고 끼니를 걸렀을 때, 여러분은 어떻게 되나요? 그 상태로 지내는 시간이 하루에서 이틀로 길어지면 기분이 어떻게 변하는지, 한번 생각해보세요.

| **"나는 지금 위험한 짐승이다."**

이렇게 되지 않나요?

제가 체력이 여러모로 중요하다는 걸 실감한, 지극히 개인적인 일화도 하나 소개할게요. 날씨가 선선하던 어느 날이었습니다. 건물의 엘리베이터가 점검 중이라 5층까지 걸어 올라가야만 했죠. 천천히 계단을 오르기 시작했는데, 고작 3층에 도착했을 때 너무 숨이 차서 잠깐 쉬어야 했습니다. 자리에 서서 숨을 헉헉 몰아쉬는 동안 별별 생각이 들더군요. '이런 체력으로는 언제 퍼진다고 해도 할 말이 없겠어. 이 몸으로 무슨 일을 할 수 있을까.' 불규칙하게 대충 때운 식사, 들쭉날쭉한 수면, 운동의 '운'도 없이 스마트폰과 함께 누워있던 시간들이 주마등처럼 스쳐 지나갔습니다. 그리고 언제부터인가 체형이 바뀌어 옷장에 있는 옷이 맞지 않아, 인터넷 쇼핑으로 프리 사이즈 바지와 통이 큰 원피스를 고르던 내 모습이 떠오르면서 '현타'가 덮쳤습니다.

이날 이후 저는 일주일에 두 번 정도는 운동을 하고 식단에 신경을 썼습니다. 몸에 나쁜 음식 대신 채소와 단백질을 더 챙겨 먹었죠. 이런 식으로 1년 가까이 지냈더니, 몸이 가벼워지는 게 확실히 느껴졌고 계단 다섯 층 정도는 거뜬히 걸어서 오를 수 있게 되었습니다. 몸만 가벼워진 게 아니었습니다. 어느 날 계단을 서둘러 걸어 올라가도 숨이 가쁘지 않은 걸 확인하고 나니, '나한테 뭐든 맡겨봐. 내가 다 해줄게!' 하는 자신감이 생기더군요.

'마음'을 최우선으로 생각하는 일을 하는 저에게, '몸'을 통해 자신감을 얻는 건 아주 생경한 경험이었습니다. 그런데 몸이 잘 기능하니까 진짜 단단한 자신감이 느껴지긴 하더라고요. 이렇게 몸에서 오는 자신감과 좋은 기분이 얼마나 중요한지를, 저는 체력을 그렇게까지 잃어보고 다시 회복한 후에야 알게 되었습니다.

　30분만 일해도 지쳐버리는 몸을 경험해본 사람은 '이런 몸으로 내가 뭘 할 수 있겠어'라고 생각합니다. 이런 마음을 우리는 '자신감이 없다'라고 표현합니다. 대수롭지 않은 일로도 어딘가 아파지고 컨디션이 나빠지면 스스로에 대한 확신과 자신감이 떨어지기 쉽습니다. 혹시 여러분도 무슨 일을 하긴 해야 하는데 도통 의욕이 나지 않을 때, '내 의지가 약하고 마음이 힘들어서 못 하는 거야'라고 생각하진 않나요? 어쩌면 그냥 체력이 나빠서 의욕을 못 내는 것일 수도 있어요. 허리가 유독 아픈 날은 하루 종일 침울한 기분이 들지만, 침울할 만한 일을 겪는다 해서 갑자기 허리가 아파지진 않잖아요. 마음의 상태는 몸의 상태에 영향을 많이 받습니다. 마음이 몸 안에 있으니까요.

　컨디션이 별로일 땐 '골골대는 나 자신'이 초라하다고 느껴질 수도 있습니다. 좋지 못한 몸 상태에 모든 주의를 쏟게 됩니다. 집에서 무심하게 걸어 다니다 실수로 가구 모서리에 발가락을 톡 찧으면, 통증이 너무 심해서 순간 발가락이 마치 내 몸의 전부인 것처럼 느껴지죠? 이렇게 몸이 아프고 건강 상태가 나쁘면 시야가 좁아집니다. 내가 의욕이 나지 않고 자꾸 실수를 하는 이유를 두루두루 살피기 어려워져요. 이런 나를 무심하게 대하는 상대방의 사정을 헤아리는 것도 역시 어려워지죠. 그러니 나에게도 남에게도 관대하기가 힘듭니다.

그러니까 이전에 비해 몸이 찌뿌둥하다고 느껴질 때는 물론이고 자신감이 떨어진 것 같을 때, 왠지 부쩍 침울한 기분이 들고 마음이 편치 않을 때, 나아가 내가 이렇게 힘들고 아픈데 아무도 알아주는 것 같지 않아 섭섭해질 때는 자신의 몸을 돌보는 일부터 해봅시다. 자기의 건강을 챙기고 몸을 돌보는 건 당연히 스스로 해야 할 일입니다. 누군가가 나를 챙겨주길 바라는 마음이 든다면, 우선 내가 나를 잘 돌보고 있는지부터 점검해보세요. 몸에 안 좋은 음식들을 무분별하게 먹고 있는 건 아닌지, 바닥에 누워 스마트폰을 하면서 뒹굴거리는 시간이 너무 긴 건 아닌지 말이에요.

몸을 돌볼 때의 기본은 수면과 식사입니다. 적어도 7~8시간을 충분히 자고, 끼니를 거르지 않고 일정한 간격으로 잘 챙겨 먹고, 건강에 도움이 안 되는 음식은 가급적 적게 먹는 겁니다. 그리고 운동을 해야 합니다. 유산소운동과 근력 운동을 골고루 해보세요. 하루의 대부분을 앉아서 일하는 사무직 회사원들은, 엉덩이가 일해주는 거라는 우스갯소리도 있죠. 기립근(척추를 둘러싼 근육)이 약하면 서서 하는 일도 힘들고 오래 앉아서 일하기도 힘듭니다.

몸은 내가 해야 하는 일을 할 때는 물론, 내가 하고 싶은 일을 할 때도 나와 함께하는 중요한 동료입니다. 내 몸을 잘 챙겨주세요.

몸과 마음의 건강에서
운동만큼 중요한 건 '잠'입니다

체력을 관리한다고 하면,
보통은 운동하는 시간을 떠올리기 쉽습니다.
그런데 운동만큼 중요한 것이 바로 쉬는 시간입니다.
그중 잠을 자는 시간은
몸과 마음이 재충전을 하는 시간입니다.

 002

자연에서 살아가는 동물들에게 '잠을 자는 시간'은 생존에 매우 위험한 시간입니다. 하지만 그들도 결국 잠을 잡니다. 초식동물들은 바스락거리는 작은 소리에 수시로 깨어가면서도 굳이 잠을 청합니다. 목숨이 붙어 있는 한, 동물은 잠을 잡니다. 잠자는 시간은 동물에게 재충전을 하는 시간입니다. 그리고 사람은 동물입니다. 사람에게도 잠을 통한 재충전은 무척 중요합니다.

　　무엇보다, 사람의 심장은 8시간은 쉬어야 한다고 합니다. 누워서 TV도 보고 휴대폰도 만지작거릴 수는 있는데 몸이 무거워서 도저히 일어나지는 못하겠다면, 여러분은 지극히 인간적인 몸을 가진 겁니다. 심장은 쉬지 않고 혈액을 펌프질해서 전신으로 순환시키는 일을 하는 신체 기관입니다. '하루 8시간은 잠을 자야 한다'라는 말은, 24시간 중 3분의 1 정도는 심장이 덜 힘들게 일하는 시간이 필요하다는 뜻입니다. 잠을 충분히 자지 않는 경우, 그러니까 누워 있는 시간이 24시간 중 3분의 1에 미치지 않는 경우에는 심장에 무리가 가고 심혈관계 질환에 노출되기 쉽습니다. 내 몸 구석구석에 피를 순환하느라, 심지

어느 중력을 거슬러 발바닥에서 심장까지 다시 피를 끌어올리느라 애를 쓰고 있는 심장에게 쉬는 시간을 충분히 줍시다.

2020년 이후, 잠을 자는 동안 뇌에서 벌어지는 일에 대한 세상의 관심이 유독 높아졌습니다. 요즘 들어 잠의 효과를 뇌 건강 측면에서 설명하는 책이나 기사를 많이 접할 수 있죠. 수면 시간이 부족하면 우선 기억력과 집중력이 나빠집니다. 하루 6시간 이하로 잘 경우, 치매 위험이 30% 정도 증가한다고도 합니다.[1] 공부를 잘하기 위해서라도, 일을 잘하기 위해서라도, 터무니없는 실수를 덜 하기 위해서라도 수면 시간은 꼭 챙겨야 합니다.

수면 부족은 '이타 행동'과도 관련이 있습니다.[2] 연구에 따르면, 잠을 한두 시간만 적게 자도 이타 행동이 줄어든다고 해요. '잠을 제대로 못 자면 타인에게 잘해주기 어렵다'로 요약되는 연구의 내용이 너무 맞는 말이라, 저는 이런 생각을 했습니다.

'충분히 잠을 못 잤다는 건 스스로가 안녕하지 않은 상태라는 뜻이고, 나부터가 안녕하지 않은 상태라면 남의 안녕을 챙기는 건…… 어렵지. 아무렴.'

그리고 '그래, 짜증을 덜 내려면 잠을 충분히 자야겠다'라는 결론에 이르렀습니다.

상담을 하며 만난 청년 분들과 휴식 시간이 중요하다는 이야기를 나누다 보면, 쓸데없는, 그러니까 비생산적인 활동으로 시간을 보내면 왠지 초조한 기분이 들고 어떨 땐 죄책감까지 느낀다는 말을 자주 듣습니다. 퇴근 후 남는 시간, 주말, 심지어 휴가 기간에도 자기를 발전시키기 위해 영어 공부를 해야 할 것 같고, 운동을 해야 할 것 같다고요. 취미 활동을 하더라도 뭔가 성취하는 느낌이 남는 걸 해야 한다는 모종의 압박감이 든다고도 합니다. 더 자세히 이야기를 나눠보면, 시간을 낭비하는 것, 즉 쓸데없는 활동으로 시간을 보내는 것에 대해 나쁜 인식을 가진 경우가 많았습니다. 그래서 쓸데없는 걸 하고 싶어 하는 마음과 자꾸 누워있으려고 하는 자신의 몸을 미워하기도 하더라고요.

사람의 몸은 쉬어야 합니다. 몸의 일부인 뇌도 늘 생산적인 활동만 하는 건 아닙니다. 내가 인간의 육신을 가지고 살아간다는 건, 휴식을 통해 재충전을 하는 시간이 생산적인 활동을 하는 시간만큼이나 중요하다는 것을 의미합니다.

우리나라는 일제강점기와 6.25 전쟁을 겪는 동안 세계에서 손꼽히게 가난한 나라였지만, 특유의 성실함과 효율을 추구하는 '빨리빨리 문화'로 가파르게 발전하여 현재는 경제 선진국 중 하나가 되었습니다. 성장과 경쟁을 가장 중요한 가치로 여긴 덕에 이만큼 발전했지만, 세계 최고 수준의 자살 사망률, 우울장애 유병률 등 혹독한 대가를 치르고 있기도 합니다.

가치관은 결코 절대적이지 않습니다. 성장과 발전을 최우선으로 하는 가치관도 바뀌갈 수 있습니다.

필요나 효용에 따라 바꿀 수 있는 가치관과는 달리 나의 몸은 나와 평생 함께합니다. 내가 인간의 몸을 가졌고, 그러니 휴식을 통한 재충전이 생산적인 활동만큼 중요하다는 건 타협할 수 있는 항목이 아닙니다. 몸은 하루 24시간 내내 생산만 할 수는 없습니다. 생산적인 활동에 시간을 쓰면 그만큼 재충전의 시간도 필요합니다. 일할 때는 일에만 매진하고, 쉴 때는 충분히 몸을 쉬게 해주세요.

하루 24시간 풀 가동 중인 것 같은 냉장고도 사실 24시간 내내 냉기를 뿜지는 않습니다. '웅~' 하고 소리가 날 때만 냉기가 나옵니다. 소리가 나지 않을 때는 냉기를 가두는 역할만 하고요. 냉장고가 쉬는 거죠. 그래요. 하루 종일 일을 하는 것처럼 보이는 냉장고도 사실은 쉬엄쉬엄 일합니다. 사람도 24시간 내내 생산적일 수만은 없습니다. 딱히 상황이 급박하지 않을 때조차 쉬는 시간에 마음이 편하지 않다면, 쉬고 있는 그 시간이 아깝다고 생각되거나 죄책감이 느껴진다면, 가치관을 점검해야 합니다.

2장

나는 내 안의
많은 부분의 합

자기 자신과의 싸움, 하지 마세요.
지는 것도 결국 나입니다

내 안의 많은 '나'들은 서로 다른 요구를 하고,
한 가지 활동만으로는
다양한 요구나 욕구를 충족할 수 없습니다.
내 안의 여러 '나'와 싸우기보다는
잘 달래면서 같이 가요.

 003

"인간의 마음은 여러 개의 기관들이 각각 개개의 목적을 갖고 자체의 규칙에 따라 기능하는 복잡한 기관들의 집합체"라고 합니다.[3] 이러한 내용은 최근 뇌의 해부학적 특징으로도 확인되고 있습니다. 정리하자면, 몸 안에 있는 각각의 장기들은 자기가 맡은 일을 할 뿐이고, 그런 장기 중에서 뇌라는 장기 역시 맡은 역할을 다할 뿐이라는 겁니다.

뇌는 다시 몇 개의 부분으로 나뉘는데, 각 부분은 자기가 맡은 기능만을 수행합니다. 그러니 때때로 서로의 목적이 충돌할 때도 있습니다. 뇌를 기능적으로 분류하는 방식은 여러 가지가 있는데요. 최근에는 아래와 같이 분류하기도 합니다.

욕심 많은 머리 ✔️

뇌의 일부는 '나의 성공'을 위해 일합니다. 이 부분을 저는 '욕심 많은 머리'라고 부를게요. 이 욕심 많은 머리는 남들과 계속 비교하면서 우열을 가리고, 생산성과 쓸모를 중요하게 여깁니다. 그래서 남들보다 좋은 성취를 내고 남들보다 높은 곳에 올라가기 위해 '나를 자꾸 애쓰게' 합니다. 또 어떤 일을 하고 나면 잘했다, 잘못했다, 우월하다, 열등하다 등 점수를 매기듯 평가를 하는데, 욕심이 많아서 평가가 후하지 않고 점수를 박하게 줍니다. 스스로의 수행에서 부족한 부분을 기어코 찾아내서 문제를 보완하려고 하는 엄한 면이 있습니다.

꾸러기 마음 ✔

뇌의 두 번째 부분은 '나의 행복과 즐거움'을 위해 일합니다. 저는 이 부분을 '꾸러기 마음'이라고 부르겠습니다. 꾸러기 마음은 뭘 하든 재밌고 신나면 그만이라, 생산성이나 효율성, 쓸모 같은 건 전혀 중요하게 여기지 않습니다. 꾸러기 마음은 어린아이 같아서 자기만 잘되기보다는 다 같이 재밌고 싶어 합니다. 하고 싶은 일이 많아서 불평불만이 많고 잘 토라지기도 해요. 하지만 달래주면 못 이기는 척 웃어주고, 즐겁고 만족스러우면 금세 풀어지기도 합니다.

안전해야 하는 몸 ✔

뇌의 세 번째 부분은 '안전해야 하는 몸'으로 지칭하겠습니다. 안전해야 하는 몸은 안 아프고 안전하게 살아남는 것을 가장 중요하게 여깁니다. 안전을 최우선의 가치로 여기고 고통을 겪지 않으려고 하죠.

하지만 '욕심 많은 머리'가 공부나 일을 하자고 하면, 의자에 앉아서 오랜 시간 버텨주고 부지런히 움직여주기도 합니다. '꾸러기 마음'이 재밌어지고 싶다고 하면 스마트폰을 보느라 눈이 침침해질 때까지 눈을 써주고, 매운 음식을 먹어 혀와 위장이 고통받는 일도 기꺼이 감수해줍니다.

안전해야 하는 몸은 어떤 부위가 제 기능을 하지 못할 정도로 망가지면 '불편'과 '고통'으로 '욕심 많은 머리'와 '꾸러기 마음'에게 신호를 주기도 합니다. '고마해라. 마이 무따 아이가' 정도의 느낌으로요. 일을 해야 하는데 허리가 아파서 의자에 30분도 앉아있기 힘들 때가 있죠? 그런 와중에도 안전해야 하는 몸은 어떻게든 더 오래 앉아 버티기 위해 긴장을 해줍니다. 욕심 많은 머리와 꾸러기 마음이 무리한 요구를 하더라도, 최대한 묵묵하게 받쳐주는 존재입니다.

이렇게 사람의 뇌, 그러니까 마음 안에서는 '욕심 많은 머리'와 '꾸러기 마음'과 '안전해야 하는 몸'이 각각 최선을 다하고 있습니다. 다만 이 세 부분은 사이좋게 지내기가 어렵습니다. 욕심 많은 머리는 일상을 성실하게 일구려고 하지만, 꾸러기 마음은 그 와중에도 놀고 싶어 합니다. 안전해야 하는 몸은 피곤하면 쉬려고 하고요.

예를 들면 이런 거예요. 아침에 눈을 뜨면 우리는 (피곤하면 신체를 회복하려 하는 안전해야 하는 몸, 줄여서 '몸'의 영향으로) 더 자고 싶어 합니다. 하지만 오늘 하루 일과를 (욕심 많은 머리, 줄여서 '머리'로) 생각해서 꾸역꾸역 일어나긴 합니다. 아침부터 커피를 마시면 (몸에 안 좋고 속이 쓰리니) 안 되지만, 정신 차리고 일과를 시작하기 위해 (즉, 머리를 위해) 커피 한 잔을 마십니다.

커피를 마신 후 하루 일과를 시작할라치면, (꾸러기 마음, 줄여서 '마음'의 영향으로) 잠깐 능장을 부리면서 유튜브도 보고 게임도 하고 싶어집니다. 하지만 (머리로는) 서둘러야 하는 걸 알기에 (피곤해서 느릿느릿해진 몸을 이끌고) 바쁘게 준비를 이어갑니다. 몸과 마음과 머리가 각각 추구하는 최상의 상태가 이렇게나 다르다는 사실, 새삼스럽지 않나요?

성공과 재미, 안전은 모두 다 '나'를 위한 것 ✅

욕심 많은 머리가 추구하는 성공과 올바름, 꾸

러기 마음이 추구하는 즐거움과 재미, 안전해야 하는 몸이 추구하는 육신의 안녕과 건강은 모두 '나'에게 꼭 필요한 것들입니다. 잘 생각해보세요. 성공과 재미, 건강 중 나에게 불필요한 것, 없어도 되는 것은 없습니다.

문제는 한 가지 활동만으로 몸과 마음과 머리가 추구하는 것들을 동시에 충족할 수는 없다는 겁니다. 잠을 잘 때는 몸이 쉬지만, 잠은 생산적인 활동이 아닙니다. 손과 눈을 부지런히 움직여 뭔가를 생산하고 성과를 낼 때는 체력과 심리적인 에너지가 소모됩니다. 바닥과 한 몸이 되어 스마트폰을 들여다보며 낄낄거리거나 노래방에서 고래고래 소리를 지르는 일은 그다지 생산적이지 않지만, 재밌고 스트레스가 풀리는 기분이 듭니다. 이처럼 하나의 활동으로는 세 부분 모두를 만족시키기 어렵습니다.

쓸모 있는 생산적인 활동을 하려면 내가 가진 무언가를 사용해야 합니다. 보통은 체력과 정신력, 기술과 지식을 사용하죠. 이런 것들을 쓰기 위해서는 우선 이런 것들을 채우는 시간이 필요합니다. 몸이 건강해야 뭔가를 생산할 기력도 생깁니다. 지식과 기술은 배우고 익혀야 하고요. 심리적인 에너지(정신력)

는 재충전을 해야 채워집니다.

그렇다면 재충전은 어떻게 하는 걸까요? '하등 쓸데없고 재밌기만 한 활동'을 하면 됩니다. 생산적인 시간을 보내고 싶다면, 역설적으로 잘 놀고 건강관리 잘 하고, 쉬는 시간을 확보해야 해요.

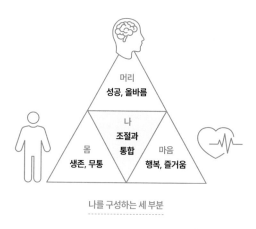

나를 구성하는 세 부분

통합하는 나 ✅

우리 각자의 마음에 하나씩 있는 욕심 많은 머리와 꾸러기 마음, 안전해야 하는 몸은 서로 추구하는 게 다른 것뿐이지, 모두 '나'의 성공과 안녕, 행복을 바라는 존재입니다. '나'를 위해서 매 순간 최선을 다해 열심히 기능하고 있습니다. 그러니 몸과 마음과 머리가 서로 싸우도록 내버려두지 마세요. 각자의 입장에서 '나'를 위해 최선을 다하고 있음을 알아주고, 잘 달래면서 협동하게 만들어야 합니다.

각자 맡은 일만 하는 세 부분의 충돌을 조율하는 뇌의 네 번째 부분도 있습니다. 이 부분을 '통합하는 나'라고 부르겠습니다. 욕심 많은 머리와 꾸러기 마음, 안전해야 하는 몸 모두 '나'의 안에 있는 '나'의 일부라서, 얘네가 서로 싸우면, 결국 지는 것도 '나'의 일부가 됩니다. 싸워서 진 상대랑은 협업하기 싫잖아요. 나의 일부분도 똑같습니다. 이럴 때는 '통합하는 나'의 힘을 빌려 나머지 세 부분을 잘 조율해야 합니다. 일종의 팀플레이를 이끌어가듯 협동을 하도록 만들어야 해요.

내 안에 있는 나의 부분들과 협동을 어떻게 해야 할지 막막하다면, 아래와 같은 비율로 분배하는 방법을 생각해보세요.

> **생산적인 일을 하는 시간 : 재밌는 일을 하거나 쉬는 시간 : 몸에 투자하는 시간 = 1 : 1 : 1**

하루는 24시간이고 수면을 위해 8시간을 빼두

면, 사람은 보통 하루 16시간 정도를 깨어있게 됩니다. 이 16시간을 대략 5시간씩으로 나눠 쓴다고 생각해보세요. 또는 일주일 중 4일은 생산적인 일을 하는데 주력하고, 3일은 재충전 또는 휴식을 위해 할애하는 것으로 계획을 세워도 됩니다. 1년 단위로 계획을 잡아도 좋습니다. 두 달은 일을 하고, 한 달은 쉬엄쉬엄 보내는 식으로 설정하는 거예요. 이런저런 시행착오를 겪어본 후, 본인에게 맞는 방법을 선택하는 걸 추천합니다.

놀아야 하는 시간에까지 몸을 아끼지 않고 일을 계속하면, 괜히 서러워지고 소진Burnout이 옵니다. 그렇다고 노는 시간이 너무 길어지면 오히려 재미가 없고 심지어 죄책감이 들기도 합니다. 그러니까 생산하는 시간과 재충전하는 시간을 잘 분배해보자구요.

옛날 말에도 있잖아요. 놀 땐 놀고, 일할 땐 일만 해요.

성격의 많은 부분은
랜덤하게 유전됩니다

성격에 유전적인 부분이 있다는 사실은,
나 스스로도 납득하기 어렵거나
참 싫은 내 성격 중 '어떤 부분'이
내가 잘못 키워졌거나 부당한 대우를 당했기 때문이
아닐 수 있다는 것을 의미합니다.

♥ 004

우리는 평소 '성격'이라는 단어를 자주 씁니다. '나는 성격이 이러이러해', '내가 아는 누구는 지루한 걸 못 참는 성격이야', '걔는 성격이 게을러', '너는 성격이 외향적이야 내향적이야?' 등의 말을 습관처럼 하죠. 이렇듯 '성격'이라는 단어를 사용하는 일 자체는 어렵지 않지만 그 개념은 상당히 모호해서, 막상 '성격'이 무엇인지를 설명하는 일은 매우 복잡합니다.

심리학에서는 ①남들과 구분되는 그 사람만의 어떤 성향이나 특징이 ②오랜 시간이 지나도록 유지되는 것을 '성격personality'이라고 정의합니다. 그러니까 어릴 때도 게을렀고 학교 다닐 때도 게을렀고 어른이 되어서도 게으르다면, 게으른 게 그 사람의 성격인 거죠. 만약 뭔가 사정이 있어서 일시적으로 일을 미루고 느릿느릿 움직이고 있다면 그냥 느려진 상태인 것이지 원래 게으른 성격이라고 보진 않습니다.

성격이 어떻게 구성되고 발달하는지에 대해서는 다소간 견해의 차이가 있지만, 유전적 요인과 환경적 요인이 모두 관여한다고 알려져 있습니다. 즉 우리가 성격이라고 부르는 것 중에는 유전적으로 물려받은 부분이 존재한다는 겁니다. 이는 나의 성격 중 어떤 부분은 누군가의 의도나 노력, 의지 또는 실수와는 무관하다는 것을 의미합니다.

'유전'이란 부모의 DNA가 랜덤하게 Ctrl+C(복사)되어 자녀 세대로 Ctrl+V(붙여넣기)되는 현상을 뜻하는 말입니다. 인간의 꼬리뼈는 흔적기관이라고 부르고 사랑니는 없는 사람이 늘어나고 있다고 합니다. 그러니까 몸의 특정한 부분이 유전을 통해 되물림되는 중이라면, 해당 부분이 생존에 있어 불필요한 건 아니거나 적어도 그럭저럭 쓸모가 있다고 유추해볼 수 있습니다. 결국 유전적으로 뭔가를 물려받았다는 건, 척박한 세상에서 생존하기 위해 조상

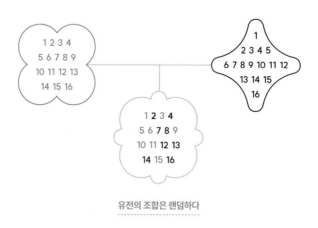

유전의 조합은 랜덤하다

님들이 챙겨준 준비물을 가지고 태어난 것으로도 볼 수 있습니다.

하지만 생존에 유용한 부분만 유전되는 건 아닙니다. 질병이나 취약성도 함께 유전된다고 합니다. 대표적으로 고혈압, 당뇨, 암, 알레르기 등 건강과 관련된 온갖 것들이 유전의 영향을 받습니다. 만약 여러분이 고혈압 진단을 받으면, '왜 하필 내가 이런 병에 걸렸냐'라며 원망하는 마음이 생길 겁니다. 하지만 그렇다 해서 고혈압과 관련된 유전적인 취약성의 원인을 정확히 알아낼 수는 없습니다. 그 원인을 파악해보려는 노력이 고혈압을 관리하는 데 유용하지도 않을 테고요.

DNA를 통해 물려받은 성격의 일부도 마음에 안 들 수 있고, 싫을 수도 있습니다. 심지어 삶을 더 불편하게 할 수도 있어요. 하지만 왜 하필이면 이런 성격을 유전적으로 물려받게 된 건지 정확하게 알아내는 일은 매우 어려울 겁니다. 내 성격이 유전된 이유를 알아내기 위해 시간과 노력을 쓰는 것보다, 그 성격을 관리하고 유용하게 활용하도록 시간과 노력을 쓰는 편이 더 효율적일 거예요.

밉기만 한 성격도 유용할 때가 있다! ✅

유전적으로 무엇을 물려받았든, 험난한 세상을 살아가는 데 언젠가는 유용하게 쓰일 때가 있을 겁니다. 이 책을 읽는 순간에는 발가락이 딱히 필요하지 않고, 오히려 모기라도 물리면 집중력을 흩어놓아 독서를 방해할 수 있습니다. 발톱은 괜히 자꾸 자라서 귀찮고 불편하기만 할 수도 있죠. 이렇게 무시를 당한다 해도 발가락은 걸을 때 균형을 잡는 역할을 충실히 수행하고, 발톱은 발가락 피부와 뼈를 보호하는 역할을 묵묵히 수행합니다. 지금 나를 방해한다거나 거추장스럽다는 이유로 발가락을 없애려는 생각은 별로 좋은 아이디어가 아닐 겁니다.

유전적으로 물려받은 성격이 모나고 유별나면, 성격의 주인으로부터 미움을 받고 존재 자체를 부정당하기도 합니다.

"내 성격이 너무 싫어요."
"이런 성격이 없어졌으면 좋겠어요."

하지만 그 성격은, 주인으로부터 이런 취급을

당해도 필요할 때가 오면 묵묵하게, 군말 없이 제 기능을 발휘해줄 겁니다. '모나고 유별난 성격'이야말로 (놀랍게도) 그 성격을 가진 주인의 생존을 위해 최선을 다하는 수호신일 수 있습니다. 그러니 유전으로 어떤 성격을 물려받았든, 왜 하필이면 이런 걸 받은 건지 골몰하고 원망하는 데 시간을 쓰기보다, 남은 평생 같이 지내야 하는 나의 성격들과 어떻게 하면 잘 지낼 수 있을지를 한번 고민해봅시다.

불편한 감정은 나쁜 감정이 아닙니다

어떤 일을 경험하면 좋은 감정이든 불편한 감정이든,
감정은 저절로 생겨납니다.
불안, 분노, 우울같이 불편하고 고통스러운 감정들에도
저마다의 기능이 있습니다.
게다가 이것들은 내 안에서 만들어진 감정이니,
애초에 나를 괴롭히는 게 목적은 아닐 거예요.

005

부정적인 감정에는 종류가 많지만, 분노, 불안, 우울이 가장 대표적입니다. 이 감정들은 마냥 나쁜 감정이 아니고, 심지어 놀랍게도 기능이 있습니다. 기능이 있다는 건 여러 부정적인 감정들이 전부 쓸모가 있다는 의미입니다. 그러니 부정적인 감정을 왜, 언제 느끼게 되는지 파악할 수만 있다면 이 감정들을 활용하는 것도 가능합니다.

'부정적인 감정이 나쁜 게 아니라고요?'

'불안해서 아무것도 못 하겠는데, 불안에 관심을 가지라뇨!'

'우울 때문에 이렇게나 고통스러운데, 우울이 쓸모가 있다는 게 무슨 말이죠?'

'화가 나서 실수를 한 게 한두 번이 아닌데, 뭐라고요?'

저는 이런 문장을 귀로도 자주 들었고 글자로도 많이 봤습니다. 우울이나 불안, 분노 같은 부정적인 감정은 실제로 대부분의 사람으로부터 엄청난 미움을 받고 있습니다. 부정적인 감정을 경험하는 것 자체를 문제로 여기는 분들도 있어요. 부정적인 감정의 긍정적인 면에 대해서 생각해보는 것 자체를 거부하는 분도 있고요. 또 부정적인 감정들을 처단하고 싶어 하는 분들도 제법 만났습니다.

우울이나 불안, 분노처럼 고통스럽고 불편한, 부정적인 감정은 이를 경험하는 사람을 괴롭게 만들긴 합니다. 우울하면 온몸이 축 처지기도 하고 아무것도 하고 싶지 않은 기분이 들고, 내가 너무 별로라고 느껴지기도 합니다. 불안이 찾아오면 머리가 하얘지고 안절부절 못 하고 제대로 준비가 다 된 상황에서도 마음이 놓이지 않습니다. 화가 나면 또 어떤가요? 감정을 주체하지 못해 두고두고 후회할지도 모를 말이나 행동을 대뜸 저질러버릴 수 있습니다. 출처를 알 수 없는 짜증이 올라오면, 사소한 것 하나까지 못마땅한 마음이 켜켜이 쌓이기도 합니다.

세상에, 이런 부정적인 감정이 쓸모가 있다니. '도대체 이게 무슨 소리야?' 싶긴 하겠네요. 이런 감정들이 느껴지지 않아야 실수를 덜 하고 편안한 상태를 유지할 수 있을 텐데 말이죠.

그런데, 전혀 불안을 느끼지 않는 사람은 위험한 상황에서도 천하태평일 수 있습니다. 어떤 상황에서도 침울하거나 우울해지지 않는 사람은 자신에게 심각한 결함이 있어도 이를 고칠 마음을 먹기가 어렵습니다. 또 전혀 분노하지 않는 사람은 자신이 손해를 입어도 마음이 불편하지 않으니, 극심한 피해를 입은 상황에서도 그냥 넘어갑니다.

역설적이게도, 불안함을 느껴야 주변을 둘러보면서 문제가 될 것 같은 부분을 미리 찾고 대비를 하려는 마음이 생깁니다. 우울한 마음이 들어야 내가 가진 부족한 부분에 관심을 갖고 보완하려는 마음이 생깁니다. 화가 치밀어야 내가 입은 피해와 손해를 만회하고 싶은 마음이 생기고요.

불안, 분노, 우울이라는 부정적인 감정들의 기능 ✓

불안이라는 감정은 미래를 더 잘 준비하라는 메시지를 줍니다. '아직 준비가 안 됐어, 더 살펴봐!'라는 충고를, 두근두근하고 안절부절 못 하겠는 기분으로 전해주는 겁니다. 그래서 불안을 느낄 때는 그 자리에 가만히 앉아있질 못하고 주변을 두리번거리거나 자신의 행적을 돌아보게 됩니다. 이게 바로 불안의 기능입니다. 느긋하게 안심하는 대신 주변을 살피며 미래를 더 철저하게 준비하도록 도와주죠. 다만, 불안은 안개 같아서 마음에 너무 짙게 드리우면 시야를 흐리게 만들어요. 찬찬히 주위를 둘러보는 걸 방해하고 갈수록 더한 불안감에 휩싸이게 할 수도 있습니다.

또 우울이라는 감정은, 더 나은 사람이 되라며 나의 성장을 부추기는 역할을 합니다. '나는 이런 점이 못났네. 참 별로다'라는 마음이 들면, 그 부분을 없애버리고 싶잖아요. 우울은 '이런 부족한 상태에서 벗어나자. 더 나은 사람이 되어야 해'라는 메시지를 묵직한 감각으로 전해줍니다. 마음이 무겁고 고통스럽더라도 좀 더 발전적인 내가 될 수 있도록 등을 떠밀어 주는 게 우울의 기능입니다. 하지만 우울한 감정이 주는 아픔이 너무 커지면, 스스로를 발전하게 할 의욕 자체를 갉아먹을 수 있다는 점에 주의해야 합니다.

마지막으로 분노라는 감정은, 손해를 그냥 두고 보지 말라는 메시지를 불같이 타오르는 감각으로 전달합니다. 뭔가를 하지 않으면 안 되게끔 만드는 감정입니다. 화가 나면, 뭐라도 해야 할 것 같은 기분이 듭니다. 내가 입은 피해와 손해를 만회하는 행동을

요. 그래서 화가 나면 분풀이를 하게 되거나 복수에 돌입하게 됩니다. 분노는 워낙 불같은 속성이라 다루기 어렵지만, 잘만 쓰면 다른 사람들에게 만만한 사람으로 보이지 않게 하는 일에 큰 동력이 됩니다. 이게 분노라는 감정의 기능이에요. (물론 기능이 작동하는 방식이 좀 고약하다고 느껴질 수는 있습니다.)

미래를 더 철저히 준비하게 해주는, 나를 성장시키는, 만만한 사람으로 보이지 않게 해주는 감정들을 느낄 수 있다니, 근사하지 않나요?

이런 감정들을 경험하면 무척 고통스럽긴 합니다. 하지만 부정적인 감정은 이렇게 '나'를 괴롭혀서라도, 문제가 있는 현실에, 부족한 상태에, 손해를 입은 상황에 머물러있지 않도록 도와줍니다. 마냥 예쁘지는 않지만, 이 부정적인 감정들은 나를 위해 만들어졌어요. 이건 틀림없는 사실입니다. 만약 이 감정들 때문에 고통스럽다 해서 이 감정들이 전해주는 메시지를 무시하면, 얘네들은 더 크고 더 강한 감정으로 메시지를 전달해올 거예요. 여기에 머무르지 말고 더 좋은 '나'가 되라고 말이죠. 그러니 덮어놓고 없어지기를 바라거나 왜 하필 나를 찾아온 건지 원망하지 말고, '왜 하필 지금 나에게 온 건지'를 생각해보자구요.

덧붙여, 외로움이라는 감정에는 '혼자 있구나? 어서 사람들에게로 돌아가'라는 메시지가 숨어있습니다. 그러니 외로움이 느껴지면 누구라도 만나세요. 만날 수 없다면, 전화 통화도 좋고 문자도 괜찮습니다.

화가 난다	불안하다
나의 권리를 보호하자!	미래를 더 잘 준비하자!
우울하다	외롭다
더 나은 사람이 되자!	혼자 있지 말자!

'부정적 감정'들의 대표적인 기능

뇌는 인체의 많은 장기 중 하나입니다

인체의 모든 장기에는 병이 깃들 수 있습니다.
그러니 물론 뇌라는 장기에도 병이 깃들 수 있습니다.
'마음의 병'은 '병이 뇌에 깃든 것'과 같은 의미입니다.

 006

인간의 몸에 있는 다양한 장기 중에서도 뇌는 가장 복잡한 기관입니다. 뇌의 무게는 보통 1.2kg 정도로 전체 신체 중에서는 2%쯤에 불과하지만, 사용하는 에너지의 양은 하루에 섭취하는 칼로리의 약 20~25%에 육박한다고 합니다. 아무래도 뇌는 일을 엄청나게 많이 하는 장기인가 봅니다. 크기에 비해 많은 일을 하니 어쩌면 다른 장기에 비해 고장이 잘 날 수도 있겠구나 싶습니다. 사람의 '마음'이란 것도 이렇게 일을 많이 하는 뇌와 밀접하게 연관되어 있기에 자주 아픈 것일지도 모르겠습니다.

사실 뇌는 다양한 업무를 처리하는 복잡한 기관입니다. 뇌의 대표적인 기능은 그 뇌를 가진 주인이 살아가는 세상에 대한 정보를 분석하고 생각하고 판단하여, 보다 적응적인 행동을 하도록 명령을 내리는 겁니다. 또 세상과 자신을 구분하여 '나는 누구인가'를 생각하고 판단하는 기능도 합니다.

그래서인지 뇌에 문제가 생기면, 우리는 유독 '뇌의 문제'와 '자기 자신'을 구분하기 어려워합니다. 만약 위에 문제가 생기면 속이 쓰리거나 소화가 잘 안 되겠죠. 척추에 문제가 생기면 걷기가 불편하거나 허리가 계속 아프고 앉아있기 곤혹스러울 테고요. 이럴 때는 '속이 안 좋다' 또는 '허리가 아프다'라는 표현을 곧잘 씁니다. 반면 뇌에 문제가 생기면, 우리는 "내가 문제인가 봐!"라고 속단하기 일쑤입니다.

영화를 예시로 들어볼까요? 동명의 소설을 원작으로 한 영화 〈스틸 앨리스〉에는 이른 나이에 알츠하이머에 걸린 언어학자 '앨리스'가 등장합니다. 영화의 내용 중에는 앨리스가 알츠하이머 치료 학회에서 연설을 하는 유명한 장면이 있습니다. 앨리스는 연설을 통해 알츠하이머라는 병에 걸린 이후 기억을 잃고 전과 달리 우스꽝스러워지는 건, 병 때문에 그런 것이지 '그 사람이 원래 그런 사람인 것'은 아니라는 메시지를 전달합니다. 이상한 행동과 더듬거리는 말투로 그 사람을 둘러싼 주변의 인식이 달라지고 스스로에 대한 인식마저 달라질 수도 있지만, 그건 병의 증상 탓이지 그 사람의 탓은 아니라고요.

덧붙여 앨리스는 알츠하이머라는 병에 걸린 사람들은 그럼에도 불구하고 세상에 속하기 위해 애쓰는 이들이라고 표현합니다. 마치 아토피가 있는 피부는 대부분 울긋불긋 거칠고, 모공각화증이 있는 피부에는 비슷비슷한 닭살이 돋아나는 것처럼, 알츠하이머에 걸린 사람들의 말과 행동도 비슷비슷한 양상을 보이는 것뿐입니다.

ADHD나 우울장애, 불안장애 같은 정신과적 질환도 마찬가지입니다. 그저 어떤 문제가 뇌에 깃든 것에 불과하죠. 이러한 문제가 깃든 사람들은 문제의 종류와 위치에 따라 생각과 말과 행동이 서로 비슷비슷해집니다. 예컨대 우울장애, 강박장애, ADHD가 있는 본인 또는 가까운 사람의 생각과 언행 등이 왠지 같은 병이 있는 다른 사람들과 비슷해졌다면, 그건 아주 당연한 현상입니다. 그렇게 생각하고 행동하고 말하는 게 그 병의 증상이니까요. '사람'이 비슷한 게 아니라 '병의 증상'이 비슷한 겁니다.

어떤 문제나 증상에는 이유가 있고, 사실 그 이유가 뭐든 간에 치료를 하거나 관리를 하면 그만입니다. 증상이 깃든 부분이 뇌라고 해도 마찬가지입니다. 얼마든지 문제를 개선하거나 치료하거나 관리할 수 있습니다.

최근엔 우울증이나 공황장애, 불안장애, 강박장애, ADHD 등 뇌에 깃드는 질병이 예전에 비해 흔해졌습니다. 특히 소진증후군*으로 수면 문제나 소화불량, 초조감과 정서불안, 자기답지 않은 충동적인 행동으로 치료기관을 방문하는 분들이 부쩍 늘었습니다. 요즘 정신과에 초진으로 진료를 보려면 한 달 반 정도는 기다려야 한다는 말이 있을 만큼, 지금 우리나라는 '뇌'의 안녕과 건강을 유지하기 어려운 환경인 것 같습니다.

그런데 역설적이게도 흔하게 발생하는 질병이나 증상은 말 그대로 흔하기 때문에 효과가 좋은 치료나 관리 방법이 빨리빨리 잘 개발되는 편입니다. 최근에는 뇌에 생기는 문제에 대해서도 효율적이고 부작용이 적은 약물 및 기법이 많이 개발되었어요.

뇌로 찾아오는 병은 대부분 고집스러워서 감기나 멍처럼 금방 낫지는 않고, 치료 기간이 좀 걸리는 편입니다. 마치 완치가 없는 당뇨나 고혈압, 디스크

---

* '소진증후군' 또는 '번아웃 신드롬Burnout Syndrome'은 일에 지나치게 몰두하던 사람이 어느 시점에서 갑자기 모두 불타버린 연료와 같이 극도의 피로감을 느끼며 무기력해지는 것을 의미하는 용어입니다. 소진증후군의 대표적인 증상은 극심한 피로, 심한 불안감, 분노, 삶의 의미 상실, 무기력, 식욕 감소, 수면장애, 삶에 대한 무관심 등이 있습니다.

같은 질병을 꾸준히 관리해줘야 하는 것처럼, 뇌에 깃드는 질병들도 완치보다는 증상의 완화 및 관리에 중점을 둬야 합니다.

증상이 활개를 치면 개인의 생산성에 심각한 타격을 입힐 수 있으므로, 증상이 있는 와중에도 일상이 그럭저럭 유지되도록 병을 관리하는 건 아주 중요합니다. 당뇨가 있으면 살아가는 동안 먹는 재미는 좀 줄겠지만, 평생 불행해지는 건 아니잖아요. 맛있는 것도 약간 가려 먹으면 되고요. 우울증과 불안장애와 ADHD도 마찬가지입니다. 이런 병이 있든 없든, 삶은 고달프기도 하고 웃을 일도 있습니다.

질병은 나의 장기 중 어디로든 언제든 찾아올 수 있습니다. 이가 아프면 치과에 가고, 허리가 아프면 아픈 곳에 주사를 맞거나 자세를 고쳐 잡고, 고혈압 진단을 받으면 혈압 약을 챙겨 먹으며 식단을 관리하고 운동을 하며 지내는 것처럼, 왜 하필이면 나의 뇌에 이런 병이 찾아왔는지 따지는 데 치중하기보다는 우선 치료 또는 관리를 시작합시다.

3장

내 안의 수많은 나와
협동하기

성격이 중요하긴 하지만,
사람은 성격대로만 살지는 않습니다

사람은 성격보다 큰 유기체입니다.
그러므로 성격에 휘둘리지 않으면서,
성격을 '쓰고' 살 수 있습니다.

 007

성격은 '나'를 구성하는 일부입니다. 성격은 나의 전부가 아닙니다. 성격이 나를 대표하는 것도 아닙니다. (덧붙이자면 기분과 몸도 나의 일부입니다.)

성격은 나의 일부에 불과하긴 하지만, 나의 결정과 행동과 감정과 대인관계 등에 광범위한 영향력을 행사합니다. 그래서 방심하면 '성격대로' 살게 됩니다. 여기서 "방심하면"이라는 표현은 '마음을 쓰지 않으면', '의지가 뚜렷하지 않으면', '노력을 하려는 의욕이 없으면'과 비슷한 뜻입니다. 성격대로만 살지 않기 위해 특별히 애를 쓰지 않으면, 늘 비슷한 방식으로 결정하고 행동하게 됩니다. 그러므로 내 성격에 휘둘리지 않고 주체적으로 살기 위해서는 상황에 따라 더 괜찮은 결정을 하고 더 나은 행동을 해보려는 의지가 필요합니다. 의도가 뚜렷해야 하고 그 의도를 실천에 옮기기 위한 노력도 필수입니다. 성격은 나의 일부분일 뿐이지만, 내 성격에 반하는 결정을 내리고 성격답지 않은 행동을 하는 건 결코 쉽지 않습니다.

그렇다고 성격대로만 사는 것도 녹록지는 않아요. 내 성격대로 결정하면 당장은 마음이 편합니다.

하지만 비슷한 결정이 반복되면 현실이 고달파지고 결과적으로 마음이 더 불편해집니다.

사실 무엇을 선택한다 해도 혜택과 대가는 같이 옵니다. 성격대로 결정을 해도, 성격을 거스르는 결정을 해도 그에 따른 혜택을 얻고 대가를 치르게 됩니다. 가령 불편하고 어려운 걸 피하려고 하는 회피적인 성격을 가진 사람이라면 곤란한 일을 피하는 결정을 내리기 쉽습니다. 그럼 당장은 덜 곤란하고 덜 불편한 것으로 혜택을 얻을 수는 있겠지만, 피했던 일들을 몰아서 해야 하는 때가 언젠가는 찾아옵니다. 결국 직접 해내야 하는 많은 일들에 완전히 압도되곤 하죠.

속에 있는 생각이나 감정을 표현해야 직성이 풀리는 사람들은 불편한 마음을 그때그때 풀어내기에 시원하긴 하지만, 상황이나 상대를 가리지 않고 말하는 바람에 말실수를 많이 해서 대인관계에 문제가 생기기도 합니다. 이렇듯 성격대로만 결정하고 행동하며 살아가는 것도 결코 쉽지는 않습니다.

| **'난 성격이 원래 이래.'**

어떤 결정을 내리고, 어떤 행동을 하고, 어떤 태도를 보이면서 이런 말을 덧붙일 때가 있죠? 이게 꼭 틀린 말은 아닙니다. 그러나 나의 성격이 나의 부적절하고 나쁜 결정과 행동의 핑계가 될 수는 없습니다. '내가 성격이 이래서……'는 남에게 피해를 끼치는 바람직하지 않은 행동의 면죄부가 되지 못합니다.

성격대로 살 수만은 없다는 사실이 때로는 서글플 수도 있겠지만, 상황과 맥락에 맞춰 말과 행동과 태도를 조심하는 일을 우리는 '사회화'라고 부릅니다. 잠옷이나 추리닝처럼 편한 옷을 좋아하는 사람이라고 해도, 면접을 보러 갈 때나 근무 현장에까지 잠옷을 입고 가지는 않을 거예요.

성격을 거스르는 사회화된 결정과 행동은 어렵고 거창한 게 아닙니다. 자신이 처해있는 상황에서, ①꼭 해야 하는 것과 ②해도 되는 것, ③하면 좋지 않은 것과 ④절대로 하지 말아야 하는 것, 적어도 이 네 가지를 구분하는 게 사회화된 행동의 핵심입니다.

인간은 기본적으로 '우리'가 되어 남들과 더불어 살아갑니다. 다른 사람 때문에 너무 불편하거나 피해를 입으면 같이 지내기 어렵죠. 그래서 서로 규칙이나 규범을 지키고, 예의를 갖춰 서로를 배려하며 행동을 조심합니다. 누구라도 성질대로, 그러니까 내키는 대로 살면 좋겠지만, 그렇게 살면 '우리'가 되기 어렵습니다. 우리는 '우리'가 되기 위해 서로서로 양보도 하고 성질을 죽이고 지내야 할 때가 생각보다 자주 있습니다. 반면 너무 '우리'를 우선하는 결정만을 자주 내리면 시류에 휘둘릴 수 있고 삶이 공허해지기도 해요. 그러니 내 성격대로 행동해도 될 때와 '우리'를 우선해야 할 때를 잘 판단합시다.

불편한 게 많아서 힘들다면,
좋은 것들을 늘려보세요

나쁘고 불편한 게 너무 많다는 건,
'좋은 게 별로 없다'는 뜻이기도 합니다.
감정이나 습관에서 중요한 건 밸런스입니다.

♥ 008

오늘따라 유난히 거슬리는 옷차림, 얼굴에 난 뾰루지, 아까 했던 말실수, 어제 들었던 기분 나쁜 이야기, 가까운 사람의 시큰둥한 표정.

이런 것들은 신경을 끄려고 해도 그러기가 힘든 것들입니다. 문제가 되거나 부족한 부분, 잘못된 부분, 불만족스러운 부분에는 신경이 계속 쓰일 수밖에 없거든요. 물론 문제가 되는 부분을 개선하거나 부족한 부분을 채우고 잘못을 시정해볼 수는 있습니다. 부족한 부분에 주의를 기울이고, 부정적인 생각을 품는 게 꼭 나쁘기만 한 일은 아닙니다. 오히려 마냥 좋게만 생각하면서 부족한 부분을 살펴보지 않으면 지금보다 발전하지 못한 채 제자리걸음만 하게 될 수도 있습니다. 다만 이렇게 결점이나 문제적인 부분에 신경을 자꾸, 그리고 많이 쓰다 보면, 마음이 불편하고 불쾌해지게 됩니다.

스스로 생각하기에 부정적이고 비관적인 생각을 자주 한다고 여기는 분들이 있을 거예요. 자신과 다른 사람들의 단점이나 문제점이 유독 두드러져 보이고, 실망스러웠던 경험이나 잘못하고 실수했던 일들이 자꾸자꾸 생각나는 분들이요. 아마 이런 부정적이고 비관적인 생각들 때문에 마음이 너무 괴로워서, 이런 생각들을 줄이려는 시도를 여러 번 해봤을 겁니다. 자꾸 나쁜 것만 눈에 띄고 나쁜 쪽으로 생각을 하다 보면 머릿속이 온통 나쁜 것들로 가득 차 고통스러워지거든요. 고통스러운 기분에서 벗어나고자 나쁜 경험을 덜 하고, 나쁜 쪽에 관심을 덜 갖고, 나쁘게 생각하는 걸 그만두려고 해봤을 텐데요. 하지만 그러한 시도와 노력들은 그다지 성공적이지 않았으리라 짐작됩니다.

사람의 뇌는, 자꾸 신경을 쓰는 게 있으면, 그 주제를 중요하게 여긴다고 합니다. 그러니까 나쁜 것을 줄이거나 없애기 위해 자꾸 나쁜 것을 들여다보는 건 뇌에게 '나쁜 건 되게 중요해'라는 신호를 보내는 일이나 다름없습니다. 나쁜 생각을 줄이려고 하면 할수록 그 나쁨을 더 오래 기억하고 신경 쓰게 되는 모순이 발생하는 겁니다.

그럼 나쁜 것을 덜 보려면, 부정적으로 생각하는 경향을 줄이려면 어떻게 해야 할까요? 답은 의외로 간단합니다. 좋은 것을 보고 긍정적인 방향으로 생각하려고 애쓰면 됩니다. 말은 너무 쉽죠? 실천하는 것도 말처럼 간단하고 쉬워요.

　우리는 하루 24시간을 살고, (8시간은 잔다고 치면) 16시간을 깨어있는 상태로 지냅니다. 일단은 아주 극단적인 가정을 해봅시다. 깨어있는 16시간 중에서, 부정적인 생각을 하는 일에만 16시간을 몽땅 쓰는 사람이 있다고 생각해보자고요. 이런 사람이 만약 긍정적인 생각을 하는 일에 1시간이라도 쓸 수 있게 된다면, 부정적인 생각을 하는 시간은 15시간으로 줄어듭니다.

> **깨어있는 16시간 = 부정 생각 16시간+긍정 생각 0시간**
>
> ↓
>
> **깨어있는 16시간 = 부정 생각 15시간+긍정 생각 1시간**

　이처럼 나쁜 쪽에 관심을 덜 두려고, 부정적으로 생각하지 않으려고 굳이 애쓰지 않아도 됩니다. 그냥 최대한 좋은 쪽으로 생각하려고 노력하고, 긍정적인 생각을 하는 시간을 늘려봅시다. 그러면 부정적인 쪽으로 생각하는 시간은 저절로 줄어들 수밖에 없습니다. 사람은 한정된 시간을 사니까요.

좋은 쪽을 보려면 억지스럽고 부자연스럽게 노력을 해야만 합니다. 평소와 달리 '오늘은 긍정적으로 생각해볼까?'라는 결심을 하는 것부터 어색하고 손발이 오그라들 수 있습니다. 하지만 '오늘은 부정적인 생각을 안 하려고 애를 써볼까?'라고 결심하는 것도, 어차피 억지스럽고 부자연스럽기는 매한가지입니다.

어떤 쪽이든 억지스럽고 부자연스럽게 해내야 하는 일이라면 긍정적인 생각을 늘려가는 쪽으로 해보자구요. 나쁜 걸 없애려는 노력보다, 좋은 걸 늘리려는 노력이 더 효율적이고 건전하며 부작용이 적습니다. 천천히, 균형을 맞춰봐요.

습관을 새로 만들려면,
아주 억지스러운 노력이 필요합니다 🔍

하기 싫어도, 잘 안 된다 해도 그냥 하면 됩니다.
이유식을 처음 먹는 아이는 숟가락을 쥐는 것도 서툽니다.
그렇다고 자꾸 떠먹여주면,
혼자 깨끗하게 먹기까지 더 오랜 시간이 걸립니다.
필요하다면, 그냥 합시다.

 009

주변을 잘 정리하는 습관, 운동하는 습관, 공부하는 습관, 할 일부터 다 하고 나서 노는 습관, 자기 건강은 알아서 챙기는 습관 등 건전하고 일상에 도움이 되는 습관들이 있죠. 어떤 사람들에게는 딱히 노력하지 않아도 '습관적으로' 잘 되는 일들이겠지만, 이런 일들을 내 습관으로 만드는 건 어렵게만 느껴집니다.

운동을 하러 갈라치면 귀찮기도 하고 이래저래 걸리는 게 많아서 '다음에 가지 뭐'라는 마음의 소리가 들립니다. 마감이 코앞인데도 보고서가 꼴도 보기 싫은 마음에 핸드폰을 손에 쥐고, 아까 보던 드라마를 이어서 봅니다. 몸이 여기저기 아프다고 말은 하면서도, 병원엘 가는 것도 아니고 약이나 영양제를 챙겨 먹는 것도 아닙니다. 이러다 보면 '습관이고 나발이고 무슨 부귀영화를 누리겠다고 싫은 일을 꾸역꾸역 마음 써가면서 해야 하나' 싶은 생각이 들고, 의욕이 영 생기지 않습니다.

'오늘은 좀 쉬지 뭐.'
'그냥 이대로 살지 뭐.'

그런데 놀랍게도, 몸을 먼저 움직여야 '의욕'이 생겨난다고 합니다. 의욕이 없어서 아무것도 못 하는 게 아니라 아무것도 하질 않아서 의욕이 생기지 않았던 것일지 모릅니다.* '운동을 하긴 해야 하는데'라고 생각은 하지만, 정말 일어나기 싫잖아요. 일어나려고 하면 몸이 더 무겁고요. 하지만 막상 일어나면 그냥 저냥 옷이 입어지는 것 같고, 신발 신고 문 열고 나서면 또 그냥 아무 생각 없이 걷게 되지 않나요? 헬스장에 들어서서 옷 갈아입고 뛰다 보면 기분이 좋아지기도 하고요.

우리의 뇌는, 몸이 움직이면 "어, 너 뭔가 하려는 거야? 그럼 의욕을 쏴줄게" 하면서 의욕과 관련된 호르몬을 뿜어준다고 합니다. 그래서 뭘 하려고 움직이기 시작하면 의욕이 저절로 차오른다고 해요. 의욕이 충분하지 않아서 시작하지 못한 게 아니라는 뜻이에요.

---

* 독일의 정신과 의사 에밀 크레펠린Emil Kraepelin이 제안한 '작동 흥분 이론 Work Excitement Theory'에 따르면, 사람이 활동을 시작하면 뇌의 측부 시상하부가 흥분하고, 이 흥분은 곧 동기를 발생시켜 처음엔 그다지 매력적이지 않았던 과제에 몰입할 수 있게 만들어준다고 합니다. 이 이론은 일단 어떤 과제를 시작하면 그 '시작'을 통해 흥미와 동기가 증가하여 즐거움으로 과제를 지속할 수 있다고 제안합니다.

그냥 움직이세요. 뭔가를 지금 당장 하지 않을 이런저런 핑계를 찾으면서 꾸물거리지 말고, 일단 움직여보세요. 그럼 뇌가 의욕을 차오르게 하는 물질들을 보내줄 거예요.

싫고 불편하고 귀찮다는 이유로 자꾸 안 해버리면, 건강한 습관은 내 것이 될 수 없습니다. 어떤 행동이든, 또는 어떤 생각이든, 습관으로 만들고 싶다면 애를 써가면서 반복하는 수밖에 없습니다. 여러 번 마음을 써서 반복하다 보면 언젠가는 힘들이지 않아도 자연스럽게 하게 되는 날이 옵니다. 이렇게 자연스럽게 해내기 전까지는 부자연스럽고 불편하게 반복해서 애쓰는 단계를 거쳐야 합니다.

재밌는 건, 딱히 애쓰지 않아도 잘 붙는 습관과 아무리 노력해도 잘 안 붙는 습관이 사람마다 다르다는 사실입니다. 어떤 사람은 몇 번 애쓰지 않아도 마음먹은 즉시 설거지를 하지만, 어떤 사람은 식탁을 치우는 일조차 버겁게 느낍니다. 어떤 사람은 자신의 컨디션을 잘 관찰하는데, 어떤 사람은 일이 우선이라 자신의 몸을 돌보려면 일부러 시간을 내야만 합니다. 어떤 사람은 지루한 활동을 잘 견디고 책을 읽는 시간을 즐길 수 있지만, 대단히 활동적이어서 독서하는 습관을 들이기가 어려운 사람도 있습니다.

결국 습관도 성격의 영향을 받는다고 볼 수 있겠습니다. 몇 번씩 노력해도 편해지지 않는 활동은 성격적으로 안 맞는 행동일 수 있는 겁니다. 그럼 뭐 어때요? 성격적으로 취약하고 아쉬운 점은 습관으로 보완하면 그만입니다. 단지 성격에 잘 안 맞는 행동을 습관으로 개발하려면, 마음을 써가며 공을 들이는 과정이 필요한 것뿐입니다.

꾸준히, 생각 없이, 그냥 하는 게 중요! ✅

운동선수나 악기 연주자는 이미 완성한 기술도 반복해서 연습합니다. 여러 번 연습하다 보면, 긴박한 경기 상황이나 수많은 관중 앞에서도 흐트러짐 없는 자세를 유지하면서, 굳이 잘하려고 애쓰지 않아도 저절로 그 기술을 능숙하게 쓸 수 있게 됩니다. 여러분도 인터넷을 떠도는 유명한 짤 중, 김연아 선수의 다큐멘터리를 캡처한 이미지를 본 적 있을 겁니다. 제작진이 "스트레칭을 할 때 무슨 생각을 하세요?"라고 묻자, 김연아 선수가 "무슨 생각을 해, 그냥 하는 거지"라고 웃으면서 답하는 장면이죠.

머리가 아니라 근육이 기억하도록 반복해서 훈련을 하다 보면, 나중엔 근육이 다 알아서 움직여줍니다. '습관'적으로요. 기억은 뇌에서만 이루어지지 않습니다. 근육에도 기억이 저장되고, 이를 '근육 기억'이라고 부릅니다. 근육 기억은 만드는 데 시간이 오래 걸리지만, 한 번 기억이 새겨지면 잘 사라지지 않습니다. 자전거를 한 번 배우고 나면, 굳이 어떻게 타야겠다고 생각하지 않아도 손과 발, 팔과 다리가 알아서 균형을 잡고 페달을 굴리잖아요.

이렇듯 '몸'은 어느 정도의 반복 훈련을 통해 새로운 기술을 습득할 수 있고, 습득된 기술은 근육 기억으로 남아 오래 유지됩니다. 여러 번 의식적으로 애써서 반복하다 보면 근육에 각인된 기억이 습관적 자동화를 만드는 겁니다. 그러니 새로운 습관을 들이고 싶다면, 습관으로 들여야 하는 행동을 몸이 기억할 수 있도록 반복 연습이나 훈련을 해봐요.

습관을 새로 만들기 위해, 또는 지금의 나쁜 습관을 버리기 위해 아무리 노력을 한다 해도 늘 잘 되지는 않겠죠. 하지만 계속하면 결국은 됩니다. 아예 안 하는 것보다야 성공 확률이 올라가니까요. 시행 착오가 두려워서 아무것도 하지 않으면 성공 확률은 0%입니다. 시행착오를 무릅쓰고 성공할 때까지 계속하면 적어도 0%는 벗어날 수 있어요. 무슨 일이든 시도하자마자 잘 되면 좋겠지만 그건 그다지 현실적 이지 않으니, 그냥 될 때까지 해 보는 수밖에요.

마지막 콩주머니가 박을 터뜨릴 때까지 ✅

어떤 기술이나 습관은 별다른 노력을 기울이지 않아도 쉽게 내 것이 되지만, 또 다른 기술이나 습관 은 아주 많은 노력을 오랫동안 기울여야만 내 것이 되기도 합니다. 이럴 땐 '박 터뜨리기'를 생각합시다. 체육대회의 막바지에 단체로 콩주머니를 던져 큰 박 을 터뜨리는 놀이 말이에요. 처음에는 다들 신나게 콩주머니를 던지는데, 꽤 여러 번 박을 맞춰도 꿈쩍 도 하질 않으면 점점 지쳐가고 의욕이 꺾이는 사람 들이 나옵니다. 그러다 박이 벌어지는 낌새가 보이면 다시 신나게 콩주머니를 던지죠. 한참을 던지다 보면 마지막 콩주머니에 박이 완전히 벌어지면서 꽃가루 가 날립니다. 예~!

박을 터뜨리듯 꾸준히 노력해야만 얻을 수 있는 습관이 있다

그 큰 박을 터뜨린 건 가장 마지막에 던져진 콩주머니 하나가 아닙니다. 비록 영광은 마지막 콩주머니가 얻을지도 모르지만, 그 전에 수없이 던져진 콩주머니들의 작은 힘들이 모이고 모여서 박이 터진 겁니다.

인생에서도 마찬가지예요. 어떤 박은 콩주머니 한두 개로도 터지고, 어떤 박은 콩주머니 100개를 맞아야 터집니다. 부질없어 보이는 1~99번째 콩주머니를 던져야, 박을 터뜨리는 100번째 콩주머니도 던질 수 있습니다.

영어를 잘하기 위한, 수학 공식의 원리를 이해하

기 위한, 자동차 운전을 배우기 위한, 수영의 기술을
익히기 위한, 새로운 습관을 만들기 위한 여러분의 노
력이, 오늘은 좀 부질없어 보일 수 있습니다. 하지만
이런 날이 있어야 대박이 터지는 다음이 있습니다.

　　지난하고 괴로운 시간이지만, 그냥 그 다음으로
뚜벅뚜벅 나아가봅시다.

뭔가를 힘들어하고 불편해하는 나에게, 너무 많은 권한을 주지 마세요

우리는 모두 툴툴대고 징징거리는
아이 같은 마음을 품고 삽니다.
아이 같은 마음이 하자는 대로 따라가지만 말고,
불편해하는 그 마음을 잘 달래주세요.

 010

받기로 한 돈이 정해진 날짜에서 나흘이 지나도 입금되지 않으면, 초조하고 화가 나기 시작합니다.

'아니, 이러다 돈 떼이는 거 아니야? 어떻게 그걸 아직도 안 보낼 수 있지? 문제가 생긴 건가?'

그렇다고 왜 아직 돈을 안 주냐는 연락을 해보기에는, 너무 돈을 밝히는 것처럼 보일 것 같기도 하고, 며칠 늦은 걸로 득달같이 연락하는 속 좁은 사람처럼 보일 것 같기도 해서 망설여집니다. 잘못은 입금 기한을 못 맞춘 쪽인데 왜 돈도 못 받은 내가 이런 기분까지 느껴야 하나 싶어 더 화가 나기도 합니다. 막상 문의든 항의든 하려고 마음을 먹으면, 문자가 나을지, 메일이 나을지, 전화가 나을지도 고민이고, 뭐라고 말문을 열어야 할지도 막막해지죠.

그렇습니다. 사실 저는 돈 이야기를 꺼내는 게 어렵습니다. 그래서 정해진 날짜보다 입금이 늦어져도 이틀 정도는 그냥 기다립니다. 뿐만 아니에요. 거절도 잘 못하고, 뭔가 시정을 요구하거나 문제 제기를 하려 해도 목소리와 손끝이 부들부들 떨립니다. 몇 번씩 말을 고르고 나서야 겨우 입을 떼거나 아예 포기하는 경우도 있습니다.

그런데, 이런 걸 어려워하는 분, 거기 또 계시지 않나요?

'아, 진짜 하기 싫은데, 내가 이렇게까지 해야 돼?'

'그냥 하지 말까?'

'그러기엔 궁금하기도 한데, (영영 못 받으면 어쩌나) 걱정도 되고.'

이런 류의 고민을 할 때면, 머릿속으로 떠올리는 문장이 하나 있습니다. "마음은 알아주고 행동은 제한하라." 이건 제가 심리학에서 배운 제일 좋은 말입니다. 상담을 할 때도, 일상에서 저의 마음을 다잡을 때도, 중요한 원칙 또는 기준으로 생각하는 문장입니다.

'맞아. 마음에는 정답이 없지만, 행동에는 더 옳은 행동이 있지.'

'입금이 날짜보다 나흘이나 늦어진 건 좀 너무했어. 뭐 때문인지 이유라도 알아야 쓸데없는 고민을 덜 할 테니, 연락을 해보자.'

> '잘하지는 못하지만, 그래도 더 나은 행동을 하려고 하는 내가 대견해. (으쓱)'

이제는 예전처럼 거절이나 요구, 항변, 문제 제기, "아직 입금하신 내용이 확인이 안 됩니다. 확인을 요청합니다"라는 말을 아주 못 하지는 않습니다. 여전히 불편하지만, 그래서 제가 이런 종류의 의사소통을 해야 할 때 옆에 있는 사람이 "대신 해줄까?"라고 물어볼 때도 있지만, 어쨌든 자꾸 하다 보니 점점 무뎌지긴 하더라고요.

이렇게라도 무뎌진 게 단지 나이 때문은 아닐 겁니다. 하기 싫고 어려워하는 마음을 '잘하든 못하든 해보자'라고 달래가며, 이리저리 실수하면서도 '그냥 했던' 경험들이 쌓인 덕분이라고 생각합니다.

일상을 살다 보면 하기 싫고 귀찮고 부담스럽고 힘들고 짜증 나는 일을 많이 만납니다. 고된 일과를 마친 뒤 집으로 가는 길은 괜히 더 멀게 느껴지고, 집에 오면 아무것도 하기 싫고 만사가 다 귀찮잖아요. 그래도 벗어둔 옷을 정리해야 하고, 밥을 챙겨 먹어야 하고 청소도 하고 샤워도 해야죠. 이런 일상적이고 사소한 일들을 힘들고 귀찮다는 이유로 방치해버리면, 미뤄뒀던 일들이 눈덩이처럼 불어나 나중에 큰 문제가 되기도 합니다.

청소가 특히 그렇습니다. 방바닥에 머리카락은 언제 그렇게 떨어지는지, 먼지는 또 왜 계속 쌓이는지, 쓰레기통은 왜 그렇게 빨리 차는지, 화장실은 왜 조금만 신경을 쓰지 않으면 금세 냄새가 나는지! 청소는 하고 나서 금방 다시 해야 하고 며칠 늦어지는 순간 어수선하고 더러워집니다. 귀찮고 버틸 만하다며 '나중에 대청소나 해야지' 하고 미뤄뒀다가는, 막상 정말로 대청소를 시작해야 할 때 어디서부터 치워야 할지 엄두조차 나지 않을 수도 있습니다. 엄두가 안 난다는 이유로 또 청소를 미루면 어떻게 될까요? 더럽고 정돈이 안 된 집에 적응한 채로 사는 거예요. 좀 귀찮더라도, 잠깐씩 몸을 움직여 치워야 합니다.

공부와 운동, 자기 관리도 비슷합니다. 지금 하기 싫고 부담스럽다 해서 다음으로 미루면, 오늘의 나는 조금 덜 불편할지 모르지만 미래의 나는 오늘의 내가 힘들었어야 할 몫까지 짊어지게 됩니다. 귀찮음과 고통을 현재의 나와 미래의 내가 적당히 분담해야 합니다.

사실 짜증이 나는 것도, 힘들고 재미없지만 꾸역꾸역 해보려는 마음이 있기 때문입니다. 애초에 하고 싶지 않은 걸 해보려는 마음이 전혀 없었다면, 하기 싫다며 징징거리는 마음도 생기지 않았을 겁니다. 그냥 마음 편하게 안 하고 혼나는 쪽을 택하면 되니까요.

그러니, 싫은데도 불구하고 좋은 행동을 하려는 의젓한 마음과 하기 싫다고 투덜대는 어린이 같은 마음을 모두 잘 헤아려주고 토닥여주면 좋겠습니다.

감정을 표현하는 방법이나
타이밍이 나쁜 건
문제가 됩니다 $\quad$ Q

분노, 불안, 우울은 나쁜 감정이 아닙니다.
하지만 잘 다루지 못하면
좋지 못한 행동이나 나쁜 말로 이어질 수 있습니다.
감정에 덜 휘둘리려면, 각 감정의 특징을 이해하고
특징에 맞춰서 대응해야 합니다.

 011

부정적인 감정들을 사용하려면 감정의 속성을 잘 이해한 후 용도에 맞게 써야 합니다. 하지만 각 감정의 속성과 활용법을 잘 아는 사람은 드물죠.

감정이 너무 강력하거나 여러 감정이 한꺼번에 몰려오면 감정에 압도되어 해야 할 것을 못 하거나 하지 말아야 할 언행을 하게 됩니다. 심리학이나 심리상담이 점차 대중화되면서 감정을 다루는 일에 대해 더 자주 이야기할 수는 있게 되었지만, 사실 우리는 일상에서 '감정을 잘 다루는' 사람을 만나기 어렵습니다. 그렇기에 감정을 잘 다루고 문제가 되지 않게 적절히 표현하는 방법은 경험을 통해 배우기 힘듭니다. 아직 우리는 모두, 감정 앞에서 미숙할 수밖에 없네요.

분노의 특징과 분노 다루기 ✅

잘 표현하지 못했을 때 가장 문제가 되는 감정은 아무래도 '분노'일 겁니다. 화가 나면 소위 말하는 '눈에 뵈는 게 없는 상태'가 됩니다. 기분 내키는 대로 심한 말을 하고, 앞으로 어떻게 되든 말든 과격한 행동을 하죠.

분노는 성질이 불火 같아서, 땔감(연료)이 있으면

더 활활 타오릅니다. 옆에서 누가 부추기면 화가 더 나는 것 같고, 예전에 당했던 비슷한 일들이 주루룩 떠오르면 화가 멈추질 않잖아요. 과거의 비슷한 경험이 연료가 되어 분노를 키우는 겁니다. 땔감이 없다면 불은 서서히 꺼지기 마련이지만, 땔감이 있으면 불은 계속 타오르고 심지어 갈수록 커지기도 합니다. 타다 만 분노는 숯처럼 남아서 두고두고 은근한 땔감이 되기도 해요.

분노는 어딘가로 향한다는 특징도 있습니다. 주로 분노를 표현해도 문제가 되지 않는 대상, 즉 만만한 사람에게 향하죠. 나보다 높은 사람이 내게 화를 내면 나는 나보다 낮은 사람에게 분풀이를 하기도 합니다. 분노는 아래로 흐르기 쉽습니다. 내 안의 분노가 어디에서 온 건지를 따져보지 않고 내키는 대로 표현했다간 '화를 주체하지 못하고 나보다 약한 누군가에게 상처를 입히는 가해자'가 될 수 있습니다.

내가 이미 그렇게 당한 피해자일 수도 있습니다. 남의 분노에 휩쓸린 피해자가 되면 무척 억울하고 재차 화가 나곤 합니다. 그러니 나로 인해 누군가가 피해자가 되는 걸 원치 않는다면, 또 내가 남에게 분노의 화살을 떠넘긴 가해자가 되기를 원치 않는다면 화가 났을 때 말과 행동을 조심해야 합니다. 분노는 돌고 돌아 재차 내게 향할 수도 있거든요.

화가 너무 주체가 안 되고 실수를 할 것 같다면, 화가 가라앉을 때까지 잠깐이라도 혼자 있기를 권합니다. 다른 땔감이 제공되지 않으면 분노는 보통 30분 이내로 잦아듭니다. 분노가 알아서 저절로 물러날 때까지 기다리고, 행동은 그 다음에 하세요.

나보다 낮은 사람이 없는 상황에서는 분노가 나 자신에게 향합니다. 스스로에게 해로운 행동을 하게 되고, 별다른 이유 없이 몸이 아프거나 병이 나죠. 우리는 전자를 '자해'라고 부르고 후자는 소위 '화병火病'이라고 불러왔습니다. 이런 경우는 화가 나는 만큼 풀어내지 못해서라고 이해할 수 있습니다.

분노는 혜택이 많은 감정이지만, 제대로 표현하지 못하거나 제때 해소하지 못하면 해악을 품은 감정이 됩니다. 그러니, 화를 잘 풀어내는 자신만의 방법을 서너 개 정도는 가지고 있어야 합니다. 안 그러면 화가 이성을 마비시켜 두고두고 후회할 실수를 반복하거나, 화를 이기지 못해 병이 날 수 있거든요.

격렬하든 고요하든, 운동은 분노를 순화해서 분출할 수 있는 좋은 방법입니다. 노래방에서 노래를 하거나 악기를 연주하거나 크고 요란한 소리를 내고 듣는 것도 좋습니다. 그림을 그리거나 음식을 만드는 것도 아주 좋은 방법이에요. 나를 열받게 한 사람의 욕을 누군가에게 실컷 하는 것도 괜찮은 방법일 수 있지만, 이야기가 흘러 나갈 수 있으니 조심조심. 일기를 쓰거나 게임을 하거나 쓸데없이 웃긴 영상을 보는 것도 좋아요. 심지어 술과 담배와 전신이 얼얼해지는 매운 음식도 말이죠.

다만 한두 가지만 계속 반복하면 과해서 문제가 되기도 합니다. 또 내 기분을 풀겠답시고 남의 기분을 상하게 하는 행동은 더 큰 문제를 야기하기도 합니다. 그러니 본인이나 다른 사람에게 피해가 되지 않는 이런저런 행동을, 상황에 맞게 골고루 돌려가며 쓰세요.

분노라는 감정을 활용하는 제일 좋은 방법은 나를 이렇게까지 화나게 한 대상이 누군지 또는 무엇인지를 명확하게 분석해서 내가 입은 손해를 회복하는 겁니다. 그 과정에서 내가 할 수 있는 일에 성심껏 임한다면, 나의 권익을 회복하는 데 분노를 잘 활용하는 셈이 됩니다. 다만 '내가 마땅히 얻어야 한다고 여기는 어떤 것'과 '내가 절대로 들어선 안 된다고 생각하는 어떤 말'이 현실적으로 정말 그런 것인지는 꼭 따져봐야 합니다.

불안의 특징과 불안 다루기 ✅

불안이 심하면 '휘둘리게' 됩니다. 가만히 앉아 있질 못하고, 종종거리고, 식은땀이 나고, 심장이 뛰고, 얼굴이 빨개지는 등 몸이 반응을 보이죠. 별다른 이유가 없는데도 불안하다고 느껴질 땐 왜 이렇게까지 불안한 건지, 불편한 감정을 이해하고 싶은 마음에 이유를 찾아내려 애쓰기도 합니다. 이 과정에선 말도 안 되는 이유들까지 발굴됩니다. 예컨대 '갑자기 불치병에 걸려서', '집에 불이 날 수도 있어서', '가족들한테 무슨 일이 생길 수 있어서'처럼요. 상상하기 힘든 엉뚱하고 이상한 일의 전조 증상으로 본인의 불안을 해석하는 겁니다.

사실 과도한 불안은 과거에 있었던 비슷한 경

험에서 출발하는 경우가 많습니다. "자라 보고 놀란 가슴 솥뚜껑 보고도 놀란다"라는 속담이 이러한 경험적인 불안의 좋은 예입니다. 전혀 예상하지 못한, 미처 준비하지 못한 어떤 일로 인해 굉장히 놀라고 당황하고 두려웠던 경험이 불안한 감정의 근거가 됩니다.

'불안해서 뭘 못 하겠다'면서 특정한 상황이나 사람, 장소를 자꾸 피하게 되면, 불안한 '감정'에서만 끝나는 게 아니라 못 하는 활동, 만날 수 없는 사람, 갈 수 없는 장소가 늘어서 생활에 제약이 생기기도 합니다. 먹을 수 없는 음식이 많아지고, 지하철이나 버스를 탈 수 없게 되고, 좋아하던 곳에 발길을 끊고, 발표를 피하거나 식당 주문조차 못 하게 될 수도 있습니다. 심지어 아예 외출을 못 하거나 심하면 식구들의 외출까지 막기도 합니다.

또는 전혀 쓸데없고 스스로 미친 것처럼 느껴지는 이상한 행동을 반복할 수도 있습니다. 그렇게 해야만 불안이 잦아든다는 이유로요. 이러고 있는 스스로가 못나고 이상하다는 생각이 자꾸 깊어질 수도 있고요.

사실 불안할 때는, 불안해하지 않으려고 애쓰거나 안심하려고 하면 역설적으로 더 불안해집니다. 이럴 땐 차라리 '가만히 숨쉬기에 집중하자'라고 생각하세요. 불안한 감정이 느껴지는 걸 '숨쉬기에 집중하라'라는 일종의 신호로 여기는 거예요. 하나부터 열까지 속으로 또는 소리 내어 숫자를 세면서, 숨쉬기에만 열중하세요. 3~5분 정도를 추천합니다. 말도 안 되는 이상한 방법으로 보일 수도 있다고, 저도 생각합니다. 근데 이게 효과가 꽤 좋습니다. (현대 과학 만세!)

우울의 특징과 우울 다루기 ✅

우울은 무거운 감정이라 사람을 다운down시킵니다. 우울할 때는 뭘 하려고 해도 도대체 의욕이 나질 않아서, 아무것도 하지 하고 누워만 있으면 좋겠다 싶습니다. 몸도 힘겹고, 재미도 없고, 의미도 없는데 굳이 애쓰고 살아야 하나 싶은 생각이 듭니다. 억지로 애쓰고 살아봤자 어차피 잘 안 될 것 같고, 살아서 뭘 하나 싶죠. 이렇게 저렇게 생각이 꼬리에 꼬리를 물고 이어지면, 끝내 생각조차 하기 싫어집니다. 이러고 있는 나는 쓸모가 없으니 아무도 좋아해주지도 않을 테고, 차라리 없어지는 게 낫겠다는 생각으로 이어질 수도 있습니다. 생각이 계속될수록 점점 더 희망이 없는 수렁으로 빠지는 것만 같습니다.

우울한 기분은 이런 감정입니다. 나쁜 점에만 초점을 맞추게 되고, 주변을 넓게 둘러보기가 어려워져요. 그래서 자신이 가진 좋은 점들과 희망적인 부분을 잘 못 보게 됩니다. 세상을 바라보는 균형이 깨지는 겁니다.

우울한 기분에 잠식되면 기운이 없어지기 때문에, 사소하지만 중요한 일들을 건너뛰게 됩니다. 그러다 보면 해야 할 일인데도 하지 않은 일들이 눈덩이처럼 불어나고, 결국 막상 그럭저럭 기운이 났을 때조차 밀린 일을 해치울 엄두를 못 내는 상황이 옵니다. 그러면 또 과거의 자신을 책망하면서 자괴감을 품게 되죠.

자, 이럴 땐 그냥 꼼지락거리면 그만입니다. 일단 몸을 일으키면, 또 어찌저찌 움직이게 됩니다. 우울할 때 기분을 전환할 수 있는 가장 쉽고 확실한 방법은 청소입니다. 거창한 대청소가 아니어도 됩니다. 베개에 묻은 머리카락 한 올, 쓰레기통에 버려봅시다. 이부자리 근처의 과자 봉지나 부스러기, 먼지들을 쓰레기통으로 보내줍시다. 환기를 하고 조금이라도 먼지를 없애고 얼룩을 지우고 어수선한 서랍장을 정돈하는 게, 기분을 전환하는 데 효과가 좋습니다. 산책도 직접적인 효과가 있습니다. 거창한 장소가 아니라도 괜찮습니다. 늘 다니던 길, 안 가봤던 길. 둘 중 아무 곳이나 걸어보세요.

분노, 불안, 우울이
일상생활을 현저히 방해하고 있다면 ✅

개인이 가진 심리적인 역량과 그 사람이 감당해야 하는 현실의 무게 간에는 아무런 관계가 없습니다. 신은 감당할 수 있는 만큼의 시련만을 준다고 하지만, 사실은 시련을 감당해낸 사람들만 세상에 자기 목소리를 내면서 살고 있다고 봐야 합니다. 멘탈이 강한 사람에겐 큰 시련이 오고, 멘탈이 약한 사람에겐 약한 시련이 오고, 그런 건 아니잖아요. 아무리 멘탈이 강한 사람도 그 멘탈을 초과하는 일을 겪으면 무너질 수 있습니다.

분노, 불안, 우울 같은 부정적인 감정들을 잘 다스리면 '멘탈 갑'으로 불릴 수 있겠죠. 하지만 지금 내가 감당할 수 있는 감정보다 더 힘든 일을 경험하면 감정에 압도될 수밖에 없습니다.

혹시 이 글을 읽는 동안 불안에 휩싸여서 아무것도 못 했던, 분노에 휘둘려서 사고를 쳤던, 우울감에 매몰되어 누워만 있고 싶었던 자신이 모습이 떠오른 분이 있다면, "참 힘든 시간을 보내셨군요" 하고 위로를 건네고 싶습니다. 그런 때가 있었다고 해도 여러분이 부족한 사람이라거나 심각한 문제가 있는 사람은 아닙니다. 단지 감정을 다루는 부분에서 보완이 필요한 것뿐이에요.

분노와 불안, 우울에 관해 적어둔 간단한 대처법을 따라 해봐도 감정이 조절되지 않는다고 느껴진다면, 정신과 전문의, 상담심리사, 임상심리사 등의 전문가를 방문하는 일도 고려해보세요. 요즘은 불안, 분노, 우울과 관련된 문제적인 행동으로 병원 및 상담소를 찾는 사람이 많아져서 이를 완화하거나 치료하는 방법들이 꽤 발전했습니다. 근래에는 정신건강에 대한 관심이 워낙 높아, 공공기관 등의 경로를 통해 보다 쉽게 전문가를 만날 수 있습니다.

다만 병원이든 상담소든 오래 기다려야 할 수도 있으니, 관련 기관을 방문하거나 서비스를 이용할 때는 꼭 대기 시간을 확인하세요.

한 번에 해내지 못하는
자신의 인간다움에 관대해지세요

어떤 노래를 새로 배울 때,
한 번 듣는 것만으로는 완벽하게 외울 수 없을 거예요.
지극히 인간적이라서
아무리 노력해도 제대로 해내지 못할 때가 있는,
하찮은 자신을 견뎌주세요.

 012

새로운 노래를 배우는 상황을 떠올려볼까요? 노래 한 곡을 처음부터 끝까지 틀리지 않고 혼자 완창하려면, 아무리 쉬운 동요라고 해도 가사를 보며 몇 번씩 들어본 후 또 몇 번을 따라 부르고, 가사를 외운 후에도 수없이 틀려가며 연습해야 할 겁니다.

가사를 보지 않고, 노래를 틀어놓지 않고 혼자 완벽히 부를 수 있게 된다고 하더라도 오랜만에 다시 부를 땐 실수를 할 수도 있을 거예요. 이처럼, 암만 간단하고 사소한 일이라도 한 번에 해내는 건 생각만큼 쉽지 않습니다.

한글이 익히기 쉬운 문자라고들 하지만, 유창하게 읽고 쓰기 위해서는 꽤 긴 시간 반복해 연습하고 노력을 들여야 합니다. 초등학교 1학년 학생들이 책을 읽는 모습을 상상해보세요. 글씨는 16포인트 정도에 문장도 몇 줄 안 되는 간단한 책을 쉬엄쉬엄 천천히 읽고, 같은 부분을 몇 번씩 틀리면서 열심히 읽습니다. 글씨 쓰기는 또 어떻고요. 또박또박 쓰려고 해도 크기는 들쭉날쭉하고 모양은 삐뚤빼뚤합니다.

하지만 이런 처음을 거쳐야만 유창하게 읽고 빠르게 필기하는 그 다음 과정도 찾아옵니다. 어쩌면 1

학년의 어린이라고 해도 더듬거리며 읽는 자신의 모습이 못마땅할 수 있겠죠. 생각만큼 유려하게 글씨를 쓰지 못하는 손가락이 싫을 수도 있습니다. 재미도 없으면서 어렵기까지 한 읽기와 쓰기를 해내려고 끙끙대는 스스로가 초라하다고 느낄 수도 있습니다. 그런데, 한글을 완벽하게 뗀 입장에서 이런 어린이를 떠올리면, 귀엽고 기특하고 짠하지 않나요? 칭찬해주고 싶고 응원해주고 싶고 격려도 해주고 싶죠.

아기는 태어나고 1년 전후로 걷기 시작합니다. 이 무렵 아기는 아장아장 걷고 자꾸만 넘어집니다. 넘어지면 까르르 웃으면서 일어나고, 또 넘어집니다. 어른들은 아기의 이런 모습을 보고 마냥 귀여워해요. 함께 웃으며 기뻐하고 걸음마를 응원합니다. 넘어진 아기가 '아앙'하고 울음을 터뜨릴 땐 '아이고' 하고 아기를 달래줍니다. 아기의 걸음마는 한참 미숙하지만, 처음이니까 그러려니 하는 거죠.

여러분의 모든 처음도 아기의 걸음마처럼 우스꽝스러울 수 있습니다. 열심히 해보려고 하는데도 잘되지 않아 진땀이 나고 답답할 수도 있습니다. 그럼에도, 여러분의 처음이 아기의 걸음마처럼 환영받고 응원받으면 좋겠습니다. 다른 누구보다 여러분 자신으로부터요.

여러분의 첫 시도를, 진심으로 응원합니다.

4장

현실과의
타협

우리는 모두 어딘가 아픈 채로
그냥 삽니다

아프지 않아서 괜찮은 게 아닙니다.
사는 내내, 어느 하루라도 몸과 마음 어디든
상처가 전혀 생기지 않는 날이 과연 있기나 할까요?

 013

누구나 한 번쯤은, 또는 꽤 자주 병원에 갑니다. 사람마다 유독 자주 방문하는 병원이 있는 것 같기도 합니다. 누군가는 치과를, 누군가는 안과를, 누군가는 내과를, 누군가는 정형외과를 남들보다 많이 다닙니다. 평생 병원을 한 번도 가보지 않은, 또는 병원에 갈 필요가 없는 사람이 있을까요? 있다 해도 드물지 않을까 싶습니다. 아마 여러분과 여러분의 주변에도 '즐겨 찾는 과'가 있는 분들이 많을 거라고 확신합니다.

살다 보면 유독 아프고 고달플 때가 있죠. 남들은 다 건강한 것 같은데 나만 아픈 사람으로 느껴질 때요. 힘겹게 병원에 가면 대기자는 또 왜 그렇게 많은지! 기다리는 것도 짜증이 납니다.

그런데 대기자가 많다는 건 지금 아픈 사람이 그만큼 많다는 의미이기도 합니다.

| '다들 아픈 채로, 병이 있는 채로 그냥 살아가는 거구나.'

인간이라는 종이 원래 좀 그런 면이 있어요. 사족보행을 하다 이족보행을 시작한 뒤로 허리가 잘 망가진다고 합니다. 이것저것 다 먹는 잡식이라 위장이

튼튼하고 간도 되게 큰데, 한국인들은 매운 음식을 좋아하고 술도 많이 먹으니 위장이나 간 쪽으로 주의가 필요한 사람도 많다고 해요. 어릴 때부터 핸드폰이며 TV 화면을 보는 시간이 길어서 거북목도 많고, 시력도 일찌감치 나빠지고요. 특히 최근에는 스트레스와 관련해 다양한 건강 문제가 발생하는 분들이 자주 보입니다.

그러니까 정형외과와 내과, 안과를 자주 간다면, 특히 스트레스가 너무 심하고 심신이 말도 못 하게 지쳐있다면, 아마도 우리는 전형적인 한국 사람인 겁니다.

몸에 생기는 상처처럼, 살다 보면 하루에도 몇 번씩 마음에도 상처가 납니다. 서류를 넘기다 종이에 베이기도 하고 늘 걷던 길에서 넘어지기도 하듯이, 예상치 못한 일로 쩔쩔매거나 사소한 일로 욕을 먹거나 망신을 당하기도 합니다. 기대했던 일이 무산되기도 하고, 내가 잘못한 게 없는데 혼나기도 합니다. 열심히 준비했지만 참담한 결과를 맛볼 수도 있고 난데없이 황당한 갑질을 당할 수도 있어요. 자주 가는 식당의 음식 맛이 변하기도 하고, 아끼는 물건을 잃어

버릴 수도 있습니다. 소중한 사람이 갑자기 큰 병에 걸릴 수 있고 믿었던 사람에게 배신을 당할 수도 있습니다. 계속해서 즐거울 것만 같던 일이 시들해지기도 하고 영원할 것만 같던 우정과 사랑이 깨지기도 합니다.

이런저런 사소하거나 중요한 일을 겪으며 우리는 늘 상처를 받습니다. 살다 보면 그냥, 딱히 잘못하지 않아도 누구든 다치고 아플 수 있습니다. 몸이든 마음이든 상처 입지 않고 넘어간, 깨끗하고 완벽한 하루가 있었나요? 있었다면 참 운이 좋은 날이었을 거예요.

최근에 '자기 자신에게 쏘는 두 번째 화살'이라는 표현을 봤습니다. 첫 번째 화살은 사람이 살다 보면 언제 어떤 이유로든 맞게 되는 피할 수 없는 화살을 의미합니다. 누구나 살아가다 한 번쯤 의지나 노력, 의도와는 무관하게 상처 받는 일을 경험하죠. 자신이 가진 조건, 예를 들면 건강이나 외모, 환경과 가족으로부터 불운한 일을 경험하며 상처를 입게 됩니다. 이런 경험은 어떤 경우엔 너무나 필연적이어서 피할 수 없습니다. 하지만 '내가 왜 하필 이런 화살을 맞았을까?'를 계속해서 따진다면, 즉 자신과 누군가를 원망하고 못마땅함에 매몰된다면 결국 '자책'이라는 두 번째 화살을 자신에게 쏘게 된다고 합니다.[4]

두 번째 화살을 쏘면, 상처가 추가될 뿐 아니라 첫 번째 화살로 생긴 상처를 돌볼 수 없게 됩니다. 그러니 왜 그 첫 번째 그 화살을 맞았는지 탐구하기보다는 첫 화살이 만든 마음의 상처를 돌보는 데 집중합시다. 가뜩이나 상처 받아 아픈 자신에게 두 번째 화살을 쏘며 스스로를 미워하고 책망하지는 않기를 바랍니다.

매일매일 새로운 상처가 생기는 이유에 대해, '나라서 그렇다'가 아니라 '내가 사람이라서 그렇다'라고 생각해봅시다. 그럼 상처가 조금은 사사로워지지 않을까 싶어요. 그런 말도 있잖아요. 아픈 만큼 성숙해진다고.

사실 아픔 후에 무조건 성숙이 찾아오지는 않습니다. 아프고 나서 회복을 못 하면 상처가 곪거나 덧나거든요. 다만 한 가지는 분명합니다. 우리는 아프고 나서 '회복한 만큼' 성숙할 수 있습니다. 얄궂게도 결국 고통이 선행되긴 해야 한단 거겠죠.

아픔이든, 고통이든, 질병이든, 너무 오래 지속되면 좋지 못한 영향을 준다는 사실만 기억합시다. 어차피 오늘만 아픈 것도 아니고, 나만 아픈 것도 아니고, 아프고 나서 회복하면 성장할 수는 있는 거니까, 일단 아프면 왜 아픈지 따지기보다 덜 아프기 위해 애써봅시다. 아프다는 사실 자체에 치중하지 말고 그 아픔을 잘 관리하며 살아야 합니다. 전혀 아프지 않거나 전혀 상처 받지 않은 채로 사는 일은 애초에 불가능해요. 덜 아플 때부터 차근차근 나를 관리하고, 아픔이 찾아오면 최대한 고통을 줄이도록 노력해봅시다.

먹고살기 위해 하는 일로
계속해서 즐거움을 느끼는 건 어렵습니다 🔍

재미를 위해 하는 일로 먹고사는 건 더 어렵습니다.
어차피 한 가지 활동으로
'생존'과 '재미'를 동시에 충족할 수 없다면,
생존을 위한 활동과 재미를 위한 활동을 명확하게 구분해서
시간을 따로따로 쓰세요.

 014

산다는 게 딱히 재미가 없을 수도 있고, 힘든 일만 쌓이는 날도 부지기수입니다. 먹고살기 위해 일을 안 할 수는 없지만, 삶이 지루하고 구차하게 느껴질 수도 있습니다. 즐겁지도 않은 일을 하느라 성격을 죽인 채 나답지 않은 행동을 하고 있을지도 모릅니다. 그런데, 원래 먹고살자고 하는 일은 재미가 목적이 아닙니다. 생계를 위한 일을 해서 돈이 생기면, 그 돈으로 살아가며 재미를 추구하면 그만입니다. 참 간단하죠?

원래 돈을 버는 일이란 쉽지도 편하지도 않고 공을 들여야 합니다. 그러니 그 대가로 노동자에게 비용을 지불하는 거예요. 돈 벌려고 하는 일이 불편하고 어렵고 힘든 건 당연합니다. 그렇게 어렵게 번 돈으로 밥 먹고, 덕질도 하고, 쇼핑도 하고, 게임도 하고, 놀러 다니고, 때때로 기분 좋게 베풀기도 한다면 자연히 재미와 보람이 찾아오겠죠.

하지만 '돈 쓰는 재미'를 누릴 여윳돈 자체가 없는 경우도 있습니다. 지금 우리 생활이 많이 팍팍해지고 있잖아요. 물가는 점점 오르는데 임금은 그만큼 오르질 않고요. 이럴 때는, 서글프지만, 그래도 생활에 꼭 필요한 것부터 챙기는 식으로 소비의 우선순위를 잘 짜야 합니다. 그래야 어떻게든 재미를 누릴 수 있는 여유도 생깁니다.

심리학자는 '마음'을 다루기 위한 공부와 훈련을 하고, 누군가의 마음이 불편해지지 않도록 함께 애쓰는 사람입니다. 심리학자에게 마음은 매우 중요합니다. 마음을 '불편해져선 안 되는 존재'로 여기고, 일상에서 즐거움이나 보람을 느끼지 못하는 상태를 마음에 문제가 있는 상태로 단정 짓기도 합니다. 그래서 저는 종종 '마음을 중요하게 여긴다'라는 것이, "마음의 심기를 건드리지 말아야 한다"는 말처럼 생각될 때가 있어요. 마음을 '다루는' 게 아니라 거의 '떠받드는' 것 같다는 생각도 종종 합니다.

'마음이 불편해하지 않는 일, 마음이 마냥 좋아하는 일. 그런 일 중엔 내 일상을 방해하거나 파괴하는 일도 있지 않나?'

이런 생각들을 하던 차에, '내면의 목소리에 귀 기울이지 말라', '감정의 노예가 되지 말라'면서 '마음'을 너무 중요하게 여기는 심리학의 풍조를 신랄하고 유머러스하게 비판하는 책을 봤습니다.[5] 그리고 "마음에서 빠져나와 삶 속으로 들어가라"라는 제목의 책이 있다는 것도 알게 되었습니다.[6]

아주 단편적인 예시지만, 이 두 권의 책은 심리학에서도 이제는 '마음'보다는 '삶' 자체를 더 중요하게 여기는 흐름이 생겼다는 사실을 보여줍니다. 물론 삶 전체에서 마음이 중요한 부분을 차지하긴 하지만, '마음'이 '삶'을 방해할 때는 '마음 가는 대로'가 아니라, '삶을 위한 결정'을 내려야 합니다.

우리 삶에서 생존을 위한 활동은 재미나 즐거움과는 거리가 멉니다. 재밌자고 하는 활동은 생존에 위협이 되기도 하죠. 즉 생존과 재미는 각각 다른 활동을 통해 얻어야 하는 가치입니다.

여기서 재미는 앞서 이야기한 '마음 가는 대로' 하는 행동에 가깝습니다. 생존은 '삶을 위한 결정'이고요. 생존과 재미, 두 가치는 자주 충돌합니다. 그러니 먹고살려고 하는 일을 하면서 재미와 행복을 느끼기 힘든 건 당연합니다.

만약 지금의 삶이 피곤하고 지루하고 심지어 공

허하다면, 재미를 누리는 시간을 악착같이 늘려야 한 단 신호일 수 있습니다. 반대로 전혀 힘들지 않은 활동만 하려고 하면, 살아남는 데 문제가 생기죠. 아무리 마음과 재미가 중요하다고 해도, 일단 생존하고 적응하는 게 먼저입니다. 삶이 건전하게 유지되어야 순수한 재미도 누릴 수 있습니다.

척박한 세상에서 살아남아 재미를 누리고 싶다면, 시간과 자원을 잘 분배해보세요.

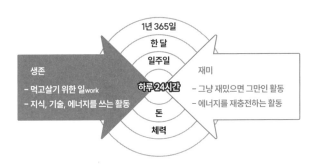

생존과 재미는 자주 충돌하는 가치! 시간, 돈, 체력을 잘 분배할 것

자조Self-care는 사는 동안, 평생, 귀찮아도 꾸역꾸역 계속해야 합니다

방 청소, 설거지, 옷장 정리, 세수, 양치, 샤워, 밥 먹기.
때 되면 반복해야 하는 일들은
별다른 재미도 의미도 없습니다.
이런 활동들의 지루함과 무의미에
너무 많은 의미를 부여하지 말고,
'내일의 나'에게 조금 더 친절하자는 마음으로,
그냥 하세요.

 015

자조自助의 사전적인 의미는 '자기 관리' 또는 '자기 돌봄'입니다. 이렇게 보니 뭔가 그럴싸하게 들리기도 하는데요. 단순하게는 배가 고프거나 때가 되었을 때 밥을 먹고, 너무 더럽기 전에 씻거나 청소를 하는 등의 소소하고 일상적인 활동들을 말합니다. 음식을 준비하고 설거지를 하고, 세수를 하거나 머리를 감고, 자신이 사용하는 방을 치우고 정돈하는 자질구레한 활동이 모두 자조입니다.

물론 요즘은 빨래는 세탁기가, 청소는 청소기가, 설거지는 식기세척기가 다 해주는 것 같기도 합니다. 그렇다 해도 빨래를 세탁기에 넣고, 마른 옷을 개서 옷장에 정리하는 건 사람의 역할이죠. 청소기를 쓰려면 버튼을 조작해줘야 하고 청소기 안에 쌓인 먼지를 주기적으로 비워줘야 합니다. 전동 칫솔을 쓰더라도 치약을 묻히고 이에 솔을 비비는 정도의 노동은 사람의 몫이에요. 음식을 직접 해 먹지는 않아도, 음식이 있는 곳을 찾아가거나 배달 앱에서 메뉴를 골라야 합니다. 세상이 점점 편리해지고 기계가 대신 해주는 일이 많아졌다고 해도, 결국 때에 맞춰 자기가 직접 움직여야만 일상이 돌아가고 자기 관리가 됩니다.

중고등학생 시절까지는, 미성년자 신분인 만큼 스스로 하지 않아도 누군가가 '돌봄'을 도와줍니다. 씻고 먹고 방을 정돈하는 방법과 기술을 충분히 익히지 못한 시기라, 어른들이 직접 해주거나 도움을 주죠. 이러한 도움은 차차 '와서 밥 먹어라', '얼른 씻어라', '양치하고 자라', '영양제 챙겨 먹어라', '방이 이게 뭐냐, 좀 치워라', '너무 늦게 자지 말고 일찍 일어나라' 같은 잔소리로 진화합니다. 그리고 시간이 흘러 어엿한 어른이 되면 잔소리를 듣는 빈도마저 현저하게 줄어듭니다. '밥 거르지 말고 잘 챙겨 먹고 다녀', '아무도 안 본다고 청소 안 하지 말고' 같은 당부만을 듣게 되죠.

　　자신의 건강과 안녕을 챙기는 활동들이요, 먹고 씻고 청소하는 것처럼 참 시시한 일들입니다. 그런데 막상 온전히 혼자서 하려고 하면 되게 귀찮고 어쩐지 서글픈 기분까지 듭니다. 자조라는 게 원래 그렇습니다. 어릴 때야 잔소리 듣기 싫고 혼나기 싫으니까 씻고 청소할 수 있어요. 어린이는 잘 씻고 청소하면 칭찬이라도 받잖아요. 하지만 청소년만 되어도 취급은 달라집니다. 안 씻고 청소 안 하면 혼이 나죠. 어른이 되어서도 자조를 못 하거나 안 하면, 문제가 있는 사람처럼 여겨지기도 합니다.

여기까지 읽었을 땐 자조 활동이 마치 타인을 위한 일인 것처럼 느껴질 수 있지만, 사실 스스로를 돌보는 일은 다른 누군가를 위해서 하는 게 아닙니다. 내가 나를 돌봐서 덕을 보는 건, 결국 나잖아요. 때가 되었을 때도 자기를 돌보지 못하면 나의 일상에 문제가 생깁니다. 그래서 억지로라도 꾸역꾸역 해야 하고, 도저히 안 하고 살 수는 없는 게 바로 자조입니다.

나를 위한 활동이긴 하지만, 막상 하려고 하면 귀찮고 짜증이 나죠. 깨끗하게 씻으면 상쾌한 기분이 들고, 방을 치우면 보람차고, 혼자 있을 때도 야무지게 밥을 차려 먹으면 어른다운 어른이 된 것 같아 뿌듯할 수도 있지만, 대부분의 자조 활동은 별 의미가 없고 시시하고 지난합니다. 잘한다 해도 아무도 알아주지 않는데, 안 하거나 제대로 못 하면 (피해자가 생기는 건 아니지만) 금세 욕을 먹으니 마냥 미룰 수가 없는 노릇입니다. 때로는 왠지 구차한 기분까지 듭니다. 자조를 왜 해야 하는지, 안 하고 살 수는 없는지에 대해 너무 깊이 생각하다 보면 인간으로 살아가는 일 자체에 회의감이 들기도 합니다.

그러니까 별다른 생각 없이, 큰 의미를 두지 말고! 그냥 매일매일 실천해봅시다.

딱히 즐겁지도 않고 재미도 없지만, 그럼에도 자기를 돌보느라 먹고 입고 씻은 여러분을 응원합니다. 누군가 시키지 않았는데도 하기 싫은 일을 한다는 건 사실 무척 대단한 겁니다.

참 잘했어요!

실수를 덜 하려면,
공과 사를 잘 구분해야 합니다

공적인 일에서는 옳고 그름이 가장 중요한 기준이 되고,
사적인 일에서는 좋고 나쁨이 가장 중요한 기준이 됩니다.

 016

직장에서는, 상사나 동료 때문에 기분이 상했다고 해서 일을 제대로 하지 못하면 업무에 차질이 생깁니다. 가족이나 친구, 연인과 다툴 때도 마찬가지입니다. 서로의 잘잘못을 따지다 기분이 상하면 관계가 틀어집니다.

아무리 직장이라 해도 사람들과 어울리며 일을 하다 보니 '기분'이나 '관계'가 전혀 중요하지 않은 건 아니에요. 그래도 업무적인 관계에서는 '일'이 먼저입니다. 가족이나 친구, 연인처럼 스스럼없는 사이에서도 서로의 잘잘못을 따져야 할 때가 있죠. 하지만 이런 사적인 관계에서는 옳고 그름보다 '관계' 자체가 우선입니다. 그러니 일도 잘하고 싶고 다른 사람들과 원만히 지내고도 싶다면, 무엇보다 실수를 줄이고 싶다면, 공사를 잘 구분해야 합니다.

직장 동료나 상사, 후임, 사제 관계, 친구가 아닌 급우, 조별 과제를 하느라 처음 만난 사람은 일work로 엮인 '공적인 관계'입니다. 이런 공적인 관계 또는 상황에서는 '옳고 그름', '잘잘못'이 더 중요합니다. 다른 사람 때문에 기분이 몹시 나쁘더라도, 아무리 더럽고 치사하더라도, 일은 해야 합니다. 공적인 상황에서는 불쾌하다는 이유로 책임이나 의무를 다하지 않으면, 그냥 '감정 기복 때문에 일을 제대로 못 하는 사람'이 되어버리거든요.

본인의 대인관계 갈등이나 감정적인 문제로 다른 사람의 업무를 방해하면 아무리 능력이 뛰어나다고 해도 평가는 마이너스가 되기 십상입니다. 성격이 둥글고 대인관계가 원활한 경우에도 마찬가지입니다. 사교성이 뛰어나도 일에서 실수가 많고 제 몫을 충분히 해내지 못하면 동료들로부터 좋은 평가를 받기 어렵습니다.

하지만 감정이 들쑥날쑥해서 말을 거칠게 하더라도 '일' 자체는 척척 해낸다면, '일은 잘하지만 같이 일할 때 조심해야 하는 사람'으로 인식됩니다. 이처럼 공적인 상황에서는 대인관계가 서툴고 감정표현이 미숙하더라도 일만 잘한다면 (적어도 일적인 면으로는) 좋은 평가를 받을 수 있습니다. 몸이 안 좋고 기분이 별로여도 우선은 일을 제대로 마치려고 노력해야 합니다.

반면 가족이나 친구, 연인은 관계 자체와 기분이 중요한 '사적인 관계'입니다. '좋다, 나쁘다', '괜찮다, 싫다', '편하다, 불편하다'와 같은 기준이 옳고 그름이나 잘잘못을 가리는 것보다 훨씬 우선시되는 사이입니다. 그래서 사적인 관계에서는 불만이 있거나 갈등이 있을 때, 상대방의 잘못을 너무 집요하게 들춰내면 관계가 나빠집니다.

아무리 좋아하는 사람들이라고 해도 가족이나 친구, 연인과 함께 있으면 마음 상하는 일이 종종 벌어집니다. 상대방이 나와의 약속을 지키지 않고 할일을 미루기도 하고, 자신이 했던 말을 번복하기도 하거든요. 편하다는 이유로 심한 말을 하기도 하고, 너무 무심하게 행동하기도 합니다.

우리는 종종 상대방의 잘못된 언행이나 결정으로 기분이 상했을 때, 그 잘못에 대해 이런저런 증거를 대면서 이치를 따지고 싶은 충동을 느낍니다. 물론 실행에 옮길 때도 있어요. 상대방의 잘못을 조목조목 짚어 밝히고 나면 나 자신이 반듯하고 바람직한 사람임을 확인할 수 있고, 그러니 의기양양한 기분이 들거든요. 하지만 이로 인해 상대방의 기분이 상해버리면 관계가 불편해지기 시작합니다. 이런 식으로 감정이 계속 쌓이면, 관계를 끊기 어려운 가족은 애증이 뒤섞인 채로 지내고, 친구나 연인은 관계 자체가 끝날 수 있습니다.

상대방의 잘못을 일일이 따지는 행동의 뒤편에는 아마도, 상대방이 무슨 잘못을 했는지 함께 들여다본 후 상대방이 반성하고 행동을 고치기를 바라는 마음이 숨어있을 겁니다. 문제는 누군가가 과거에 잘못한 행동에 대해 일일이 따지고 들면, 그 말을 듣는 당사자는 기분이 굉장히 나빠진다는 겁니다. 반성이나 사과를 곧바로 하기가 어려워진다는 뜻입니다. 또 마음이 너무 상해버리면, 잘못을 고치려 하기보다는 불편해진 관계를 회복하지 않고 그냥 내버려두는 선택을 하게 됩니다.

가족이나 친구, 연인처럼 사적인 사이에서 갈등이 벌어질 때, 잘잘못을 전혀 따지지 말아야 한다는 이야기는 아닙니다. 누가 더 옳은 말을 하는지, 누가 틀린 주장을 하는지, 누가 더 상황을 객관적으로 보고 있는지를 구분하는 일도 중요하긴 합니다. 다만 잘잘못을 따지는 것에 너무 치중하다 보면 그 과정에서 필연적으로 '더 옳은 사람'과 '더 틀린 사람'을 구분 짓게 됩니다. 더 틀린 사람 쪽은 결국 사실관계를 따지는 싸움에서 패배자가 되는 셈이고요. 더 옳은 사람은 정의를 구현해서 뿌듯할 수 있겠지만, 더 틀린 사람의 입장에서는 더 이상 관계를 좋게 유지하고 싶은 마음이 들지 않게 됩니다. 바람직하지 못한 패배자가 되었는데, 관계 회복 같은 게 무슨 상관이겠어요.

그러니 잘잘못을 따지다 감정이 상하는 수준까지 가기 전에, 서로의 감정도 적당히 생각해가면서 싸운다면 실수를 덜 하지 않을까 싶습니다.

공적인 업무와 사적인 일이 겹칠 때 ✅

우리는 가끔 일로 만난 사람들과도 사적인 교류를 합니다. 가족이나 친구와 함께 공적인 일을 해내기도 합니다. 가족끼리여도 큰 행사를 치르는 건 공적인 일에 가깝습니다. 회사에서 만난 사람들과 업무 외적인 교류를 나눈다면, 사적인 관계를 추가적으로 맺는 셈이 됩니다.

공사를 구분할 때는 '성과'가 가장 중요한 기준인지, 아니면 '관계' 또는 '즐거움'이 더 중요한 기준인지를 따져보면 됩니다. 공적인 일과 사적인 일을 동시에 해야 할 때는 '공'을 우선하는 게 좋아요. 사적인 일이 아무리 중요하더라도 '공'을 우선할 수밖에 없는 상황은 생각보다 많이, 자주 벌어집니다. 만약 나의 '사'적인 일이 너무 급한 나머지 '나를 아는 사람들이니까 내 사정을 알아서 잘 봐주겠지' 하는 생각에 빠져 공적인 일을 후순위로 남겨두는 일이 반복되면, 아무리 유능하고 일을 잘해도 결국 업무 면에서는 좋은 평가를 받기 어렵습니다. 서로의 사정을 전혀 모르지는 않는다고 해도 마찬가지예요. '공'보다 '사'를 우선하는 모습을 계속 보여주면 같이 일하기 싫은 사람으로 낙인찍힙니다. 사적인 일이 아무리 중차대해도, 또 공적인 일이 아무리 사소해도, 상황 파악을 꼼꼼히 하면서 우선순위를 판단해야 합니다.

'해야 하는 일'을 먼저 해두고, '하고 싶은 일'을 나중에 해야 합니다

'해야 하는 일'과 '하고 싶은 일'이 있다면,
우선은 '해야 하는 일'을 하는 게 좋습니다.
하지만 '하고 싶은 일'도 절대 잊지는 마세요.

 017

인터넷을 하다 우연히 이런 문구를 봤습니다.

가장 무능한 사람들은 자신이 '해야 할 일'을 해야 하는 시기에 '하고 싶은 일'을 한다.

뜨끔하기도 하고, 내심 반감이 들기도 했습니다. 이 글은 '하고 싶은 일을 하느라 해야 할 일을 놓아버린 사람들'을 무능하다고 평가하고 있는데, 동시에 '하고 싶은 일을 하는 사람들' 자체를 한심해하는 것처럼 보이기도 하거든요.

저는 왠지 이런 생각이 떠올라 언짢은 기분이 들었습니다.

'해야 할 일을 하느라 바빠서 자기가 뭘 하고 싶어 하는지도 모르고, 하고 싶은 게 잔뜩 있는데도 해야 할 일만 하고 사는 사람들이 세상에 얼마나 많은데!'

의무(해야 할 일)는 잘 파악하고 있지만 정작 자기가 하고 싶은 일이 뭔지는 파악하지 못하는 사람도 많잖아요. 해야 할 일을 너무 중요하게 생각한 나머지 하고 싶은 일에 대해서는 도통 모른 채로 살기도 하고요.

하지만 이내 또 다른 생각이 들었습니다.

> '그래, 타이밍이 중요하지. 할 일을 먼저 해놓고, 그 다음에
> 하고 싶은 일을 해야지.'

인생이 '의무'를 중심으로 돌아가면, 듬직하고 유능해 보이고 성공할 가능성도 높아지긴 하겠죠. 하지만 결국 공허해지고 사는 재미를 잊어버릴 수도 있습니다. 그렇다고 하고 싶은 일만 하느라 의무를 소홀히 하면 가까운 사람들과 갈등을 빚거나 경제활동, 자기 관리 등의 부분에서 문제가 생깁니다.

그러니 일단은 '하고 싶은 일을 해도 되는 때'와 '해야 하는 일을 꼭 해야 할 때'를 구분할 줄 아는 판단력이 가장 중요합니다. 일의 중요성과 우선순위를 미리 구분해두면, 어떤 일부터 해야 할지 결정하기 어려울 때 참고가 될 겁니다.

우선순위가 가장 높은 건 '꼭 해야 하는 일'에 속하는 활동들입니다. 생존이나 적응, 삶의 질과 밀접하게 관련된 일들이죠. 직장에서의 업무, 가정에서의 가사일, 건강을 위한 운동, 병원 방문 같은 활동들이

여기에 포함됩니다. 이런 일들은 제때 하지 않으면 나중에 큰 문제를 불러옵니다. 엄청난 비용이나 대가를 치르게 될 수도 있고요.

'하고 싶은 일'들은 얼핏 우선순위가 높지 않은 것 같지만, 즐거움과 재미, 휴식을 담당하는 중요한 활동입니다. 이런 활동을 통해 불쾌한 기분을 덜어내고 심신을 재충전할 수 있습니다. 아마 대부분의 취미 활동이 여기에 포함될 거예요. 남들이 보기에 건전하고 유익한 취미도 있겠지만, 왠지 모르게 숨어서 해야 할 것만 같은 취미 활동도 괜찮습니다. 아무렴 어때요. 누군가에게 딱히 피해를 주지 않거나 범죄에 연루되는 일이 아니라면, 또 기분 전환 겸 생활의 활력소가 된다면, 그건 좋은 취미입니다.

'해야 하는 일'을 너무 많이 하느라 '하고 싶은 일'을 하는 시간이 부족해지면, 무료하고 소모적인 느낌이 듭니다. 반대로 '하고 싶은 일'에 매진하느라 '해야 하는 일'에 소홀해지면, 딱히 잘못하거나 누군가에게 피해를 끼친 게 아니어도 괜히 죄책감이 들고 스스로가 별로라고 느껴집니다. 본인의 상황을 잘 분별해서 지금 뭘 해야 하는 타이밍인지 판단해보세요.

고민이 많이 될 때는, 더 하기 싫은 후회를 피하는 결정을 해보세요

현재가 불만족스러울 때,
대부분의 사람은 그 이유를 과거에서 찾습니다.
이처럼 과거의 잘못된 결정 탓에
지금이 만족스럽지 않다고 해석하는 일을
'후회'라 부릅니다.
그러니 결정을 내려야 할 때는,
가장 하기 싫은 후회만큼은 피하는 길을 골라보세요.

 018

우리는 늘 뭔가를 결정합니다. 아침에 눈을 뜰 때부터 '조금 더 잘까? 바로 일어날까?'를 고민하고, 옷은 뭘 입나, 점심은 뭘 먹나 등 시시콜콜한 고민과 결정을 거의 매일 해냅니다. 싫은 사람과 만날 약속을 지킬지 미룰지, 마음에 안 드는 물건을 환불할지 아니면 귀찮은데 그냥 쓸지 같은 소소한 고민들도 있을 거예요. 결혼을 할지 말지, 부모님과 떨어져 살지 같이 살지, 반려동물을 들일지 말지, 월셋집에 살지 무리해서라도 전셋집에 들어갈지 같은 꽤 중대한 결정을 내려야 할 때도 있습니다.

결정은, 뭐든 간에 하고 나면 결과가 나옵니다. 어떤 결정은 꽤나 흡족하고 어떤 결정은 실망스럽습니다. 어떤 결정은 두고두고 후회를 남기기도 합니다. 무슨 결정을 내리든 혜택을 얻고 대가를 치르기 마련입니다. 차이점은 혜택과 대가의 비율뿐이죠. 만족스러운 결정을 내렸다면 큰 혜택을 얻고 적은 대가를 치르지만, 실망스러운 결정은 기대보다 적은 혜택과 생각보다 큰 대가를 불러옵니다.

선택을 앞둔 상황에서 고민을 많이 한다는 건, 어느 쪽을 골라도 아쉬운 게 있다는 뜻입니다. 그리고 어느 쪽을 골라도 아쉬운 게 있다는 건, 모든 선택지가 아주 완벽하지만도 또 아주 나쁘지만도 않다는 뜻이죠. 그러니 어떤 선택을 해야 할지, 무엇을 골라야 할지 결정하기 어렵다면, 적어도 후회를 덜 할 것 같은 쪽을 골라보세요.

후회를 덜 할 것 같은 쪽을 선택하면 마음은 딱히 편하지 않을 수 있습니다. 다만 적어도 최악은 피할 수 있어요. 물론 최선의 결과를 기대하고 결정을 내리면 좋겠지만, 사실 우리가 현실에서 내리게 되는 결정은 최선보다는 차선을 고르는 일에 가깝습니다. 그 차선마저 고를 수 없어서 최악만을 겨우 피하는 결정을 내리는 경우도 있고요.

사람들이 자신의 결정을 후회할 때는, 현재가 만족스럽지 않을 때인 것 같습니다. 현재의 불만을 설명하거나 혹은 원망하고 싶은 마음이 들면, 과거의 자신이 잘못된 결정을 내려 이 지경이 되었다고 생각하는 겁니다.

결국 지금이 싫어서 과거를 후회하는 거예요. '짜장면 말고 짬뽕을 먹을 걸' 하고 아쉬워하다가도, 정작 며칠 뒤에 짬뽕을 먹고서는 '뭐야! 차라리 짜장면이 나았어'라고 생각하기도 하잖아요. '놀지 말고 공부할 걸'이라며 후회하는 사람이 있는가 하면, '난 너무 공부만 했어'라며 후회하는 사람도 있고요. 사람은 지금이 좋으면 과거를 되돌아보지 않습니다. 지금이 별로이기에 예전의 선택을 되돌아보는 겁니다.

후회는 누구나, 늘 하는 게 아닌가 싶습니다. 하지만 어떻게 사람이 살면서 항상 옳은 결정만 내리겠어요. 그때는 옳았지만 지금은 아닌 결정도 있습니다. 혹은 그때는 완전히 잘못된 결정이었는데, 지금 돌아보면 '그래도 그걸 선택하기 잘했다'라고 생각될 때도 있고요.

어차피 인간은 미래를 좌지우지할 수 없고, 남의 마음이나 행동도 조종할 수 없습니다. 자기 마음, 자기 행동 하나도 마음대로 못 하는 게 인간입니다. 미래의 결과를 의지와 노력으로 통제할 수 없는 건 너무나 당연합니다. 능력이 부족해서가 아니라, 그냥 우리가 인간이라서 그런 겁니다. 우리는 인간이기에 결정을 내리고 실행을 하고 결과를 기다립니다. 그뿐입니다. 물론 결과가 마음에 안 드는 건 노력이나 능력이 부족해서일 수도 있겠지만, 그게 당시 자신의 최선이었다면 어쩔 수 없습니다. 생각할 것도 많고 할 일도 많은 와중에 시간을 빼서 고민하고 결정을 내렸으니 별 수 없죠. 잘못된 결정이 불러오는 대가를 치르고 문제를 수습하면서, 또 계속 결정을 내리며 살아가는 수밖에요.

선택을 앞두고 자꾸 고민을 한다는 건, 어차피 후회가 기다리고 있다는 뜻입니다. 어떤 선택을 하더라도 후회하게 될 것 같다면, '좋은 쪽'을 고르려고 하기보다는 '더 하기 싫은 후회'를 피하는 선택을 해보세요. 적어도 최악은 피할 수 있을 겁니다.

실수는 만회하고 수습할 수 있습니다

실수나 잘못을 하기 전으로 시간을 되돌릴 수는 없지만,
실수를 만회하고 잘못을 수습해볼 수는 있습니다.

 019

실수나 잘못을 전혀 하지 않는 사람은 없을 겁니다. 평소에 실수를 거의 하지 않는 사람도 어쩌다 한 번씩 말도 안 되는 실수를 저지릅니다. 그런가 하면 원래 실수를 자주 하는 사람도 있습니다.

　어떤 실수나 잘못은 실수의 규모와는 별개로 매우 큰 대가를 불러옵니다. 왜, 그럴 때 있잖아요. 손에 들고 있던 그릇을 놓쳤는데, 하필 그게 유리그릇이고, 그 안에는 딱 한 번 먹은 비싼 간장게장이 담겨 있는 거죠. 달달하고 짭짤하고 비릿한 간장이 잔뜩 담긴 유리그릇을 떨어뜨린 곳이 하필이면 거대한 냉장고 앞이라면? 날카롭지만 잘 보이지 않는 유리 파편과 비린내가 나는 간장 국물이 냉장고 밑으로 흥건하게 흘러가는 모습을 바라보고만 있어야 하는 마음이란!

　아무것도 들어있지 않은 플라스틱 컵을 놓치는 실수나 간장게장이 담긴 유리그릇을 놓치는 실수는 '손에 든 그릇을 떨어뜨렸다'라는 점에서는 같지만, 치러야 하는 대가는 하늘과 땅 차이입니다. 저지른 잘못의 규모에 비해 수습해야 할 게 너무 많으면 왠지 억울한 마음이 들죠. 이걸 어디서부터 수습해야 하나 막막해지기도 하고요.

그런데 여러분, 자기가 잘못을 하고도 오히려 큰소리치는 사람 때문에 황당하고 불쾌했던 적, 있지 않나요? 사과를 해도 모자랄 판에 '이게 뭐가 문제냐, 당신이 유별난 거다'라며 오히려 상대방을 이상한 사람으로 몰아가거나, 뻔히 보이는 거짓말을 하면서 자기가 잘못한 게 없다고 잡아떼는 사람들을 우리는 꽤 자주 만납니다. 혹은 잘못을 저지른 후에 슬금슬금 연락을 피하거나 일언반구도 없이 연락을 끊어버리는 경우도 있죠. 이렇게 잘못을 하고도 적반하장으로 구는 사람은 의외로 많습니다. 오죽하면 "방귀 뀐 놈이 성낸다"라는 속담이 생겼을까요.

실수를 만회하고 수습하려면 우선 자신이 무엇을 잘못했는지부터 객관적으로 알아야 합니다. 내 잘못에 비해 실수의 결과가 너무 끔찍하고 거대할 수도 있어요. 다만 결과가 어쨌든 내 잘못으로 나쁜 일이 벌어졌다면, 그건 내가 책임지고 수습해야 할 부분입니다.

문제는 '내가 뭔가를 잘못했다'라는 사실을 알아차리는 순간, 스스로가 한심해지면서 그 일에 손도

대기가 싫어질 수 있다는 겁니다. 무엇부터 바로잡아야 하나 싶어 막막한 마음이 들기도 합니다. 때로는 뭔가 잘못하긴 한 것 같은데, 그게 뭔지를 명확하게 모르는 경우도 있어요. 자신이 무슨 잘못을 했는지 분명하게 파악한 뒤, 하기 싫은 마음을 꺾고 책임질 용기를 내야만, 겨우 잘못을 수습하는 과정을 시작할 수 있습니다. 만약 자신의 잘못을 끝내 알아차리지 못하거나, 알고 있음에도 용기를 내지 못하면 그냥 방귀 뀌고 성내는 사람이 됩니다.

하지만 모든 걸 각오한다 해도 자신의 잘못을 바로잡는 건 아주 어려운 일입니다. 능숙하지 못한 일을 처리할 땐 나 자신이 한없이 무능하고 열등하게 느껴지지 않나요? 다른 사람들은 힘들이지 않고 쉽게 잘만 하는 것 같은데, 나는 도저히 남들만큼 해내지 못하는 일. 그런 일은 할 맛이 안 납니다.

그렇기에 내 실수를 만회하는 과정은 유독 힘듭니다. 실수를 만회하고 잘못을 수습하는 활동은 그 자체로 '내가 얼마나 별로였는지'를 마주하는 일이기 때문입니다. 단지 어떤 실수를 했을 뿐이고 부족한 점이 있었던 것뿐이지만, 잘못을 수습하는 과정에선 나의 부족한 점이나 무능과 직면할 수밖에 없거든요. 나라는 사람 자체에 하자가 있는 듯이 느껴질 수도 있고 다른 사람들이 왠지 나를 비난하거나 얕잡아볼 것 같단 생각도 듭니다. 그러다 '차라리 아무것도 하지 말자. 시간이 다 해결해주겠지'라는 결론에 닿을 수도 있습니다.

하지만 평생 아무런 선택도 아무런 행동도 하지 않으면 실수나 잘못을 전혀 저지르지 않게 될까요? 아니에요. 아무것도 하지 않겠다고 '결정'하는 것도 이미 하나의 결정이기에, 실수나 잘못을 피해갈 수는 없습니다. 게다가 실수나 잘못을 수습하는 경험을 많이 해보지 않으면, 어려운 상황이나 갈등적인 상황에 대한 문제해결 능력이 늘지 않습니다.

사람은 어차피 잘못을 하게 됩니다. 누구라도, 언제라도 마찬가지입니다. 잘못을 하지 않기 위해 애쓰는 것도 중요하지만, 잘못을 저질렀을 때 수습과 만회를 위해 애를 쓰는 게 더 중요합니다. 역설적이게도, 실수가 잦은 사람들이 그 실수를 만회하기 위해 수습을 반복하다 보면 '프로 수습러'가 되기도 합니다.

'아, 내가 왜 그랬을까…….'

'나는 왜 이것밖에 안 되는 인간일까?'

이런 식으로 자책을 하는 데 시간을 쓰면 쓸수록, 문제를 해결할 시간이 줄어듭니다. 실수의 원인을 파악하는 게 중요하지 않다는 말은 아닙니다. 다만 시간을 돌릴 수 없다 해서 만회하는 것을 포기하고 자책에 빠지면, 조금이라도 만회하는 일조차 어려워져요. 실수나 잘못을 했을 때, 가장 우선순위로 둬야 할 일은 수습과 만회임을 기억합시다.

2부

'너'와 잘 지내면서 '우리'를 돌보는 법

· · ·

'나'는 '너'를 만나 '우리'가 된다.

하지만 '너'와 잘 지낸다고 해서 '우리'가 안녕한 것은 아니다.

5장

'우리'가 안녕해야
'나'도 안녕할 수 있다

우리는 이미 상호-의존하고 있습니다

사람은 혼자서는 살 수 없습니다.
인간이라는 종 자체가, 각자 맡은 일을 하며 협력을 이루고
'우리'가 되어 함께 살도록 진화했기 때문입니다.

 020

《우리는 어떻게 우리가 되었을까?》라는 인류학 책이 있습니다. 저는 그냥 이 제목이 좋았어요.

| '아, 우리(호모 사피엔스)는 우리(we)가 되기로 했구나.'

이렇게 생각하니 왠지 뭉클했거든요.

저도 여러분도 호모 사피엔스니까, 우리는 모두 우리we라는 공동체 안에서 살 수밖에 없습니다. 그리고 그렇게 살기 위해 딱히 애를 쓰지 않아도 우리는 이미 우리 안에 있습니다.

한때는 저도 '왜 굳이 내 기분을 참고 불편함을 감수해가며 다른 사람들의 비위를 맞추고 어울려 지내야 하는가' 싶었습니다. 사람들과 어울리다 보면 생각지도 못한 욕을 먹기도 하고, 신경을 써줘도 알아주지 않을 때가 많고, 피곤하고 짜증 나잖아요. 굳이 사람들이랑 잘 지내고 싶지도 않고, 혼자 있으면 차분하게 할 일에만 집중할 수 있고요. 사회성을 길러야 한다는 말, 모임에 빠지지 말라는 말이 어쩔 땐 참 듣기 싫지 않나요?

그런데 한편으로는 이렇게 생각해볼 수도 있습니다. 우리가 경제활동을 하려면 종이, 컴퓨터, 책상, 의자, 책과 같은 기본적인 것들이 필요하죠. 혼자 고요를 누릴 만한 작은 공간도 필요하고, 스마트폰이나 전자레인지 같은 가전제품도 필수요. 하지만 아무리 잘난 사람도 이런 물건들을, 그게 사소한 물건이든 복잡한 물건이든, 자신이 사용하는 모든 물건을 혼자서 다 만들어낼 수는 없습니다. 음식을 잘하는 사람이 기계를 잘 만들기는 어렵고, 음식과 기계 둘 다 잘 만든다고 해도 가구를 잘 짠다거나 건물까지 올릴 수는 없을 겁니다. 설령 한 사람이 이 모든 것을 할 수 있는 능력이 된다 해도 그땐 시간이 모자라겠죠. 하루 24시간을 쏟아부어도 혼자 다 만들어내지는 못할 거예요. 그렇다면 지금처럼, 나 혼자서는 절대 만들 수 없는 무언가를 그냥 비용을 지불하고 사용하는 방식은 꽤 괜찮은 거래가 아닐까요?

누군가를 돕기 위해선 선의나 호의, 배려가 필요하다고 생각하기 쉽습니다. 하지만 인간 사회의 협력 과정에서 상대방을 위한 선의는 꽤 부차적입니다. 가령 지금 여러분이 앉아있는 건물을 만든 어떤 분이, 그 안에서 살아갈 사람들을 '위해서' 건물을 올리진 않았을 겁니다. 그럼에도 우리는 건물 안에서 추위와 더위, 불편한 날씨를 피할 수 있죠. 건물을 지은 사람들에게 도움을 받은 겁니다. 이렇듯 타인을 도우려는 호의와는 상관없이, 또 애정이나 긍정적인 관심이 있든 말든, 혼자서는 결코 이뤄낼 수 없는 일을 누군가가 해준 상황이라면 우리는 이미 그에게 도움을 받은 겁니다.

그리고 도움을 받았다고 느낄 땐, 감사한 마음을 가지면 그만입니다.

| '사람이 혼자서는 살 수 없다는 게 이런 의미인가?'

네, 이런 의미더라고요. 단순히 외롭고 심심해서도 아니고, 그냥 두루두루 어울리는 게 좋아서도 아닙니다. 호모 사피엔스는 역할을 분담하면서 '무리'를 이루도록 진화해왔습니다. 그리고 각자가 맡은 일을 하면 공동체로서 작동합니다.

한 사람이 모든 일을 잘하지 않아도 됩니다. 각자 할 수 있는 일을 한두 가지 맡아서 하면 그 무리는 안녕합니다. 자신이 속한 무리가 안녕하게 유지되면 개개인도 안녕할 수 있습니다. 무리에 속한 개인은 자신이 잘하는 것으로 무리에 기여하고, 다른 사람들의 기여에 도움을 받으며 살아갑니다. 이를 상호-의존이라고 부릅니다.

공동체가 잘 굴러가면 구성원들은 공동체의 혜택을 받게 됩니다. 결국 여러분이 살아있다는 건, 이러한 인간 사회의 구성원으로서 (여러분 자신은 명확하게 알아차리지 못했을지라도) 이미 상호-의존을 하고 있다는 사실을 의미합니다.

인간에게 소속감은 무척 중요합니다

외로움은 마땅히 소속된 곳이 없는 상황에서 느끼게 되는
'어서, 무리로 다시 돌아가'라는 생존 신호입니다.

 021

사람이라면 누구나 '우리'가 되기 위한 자질을 가지고 있습니다. 정도의 차이는 있겠지만 갈등이 없는 상태를 선호하고, 상대방의 눈치를 살피거나 내키지 않아도 비위를 맞추려 합니다. 비난을 받으면 언짢아지고, 칭찬을 받고 싶은 마음도 있습니다. 물론 뒷담화도 합니다. 사실 뒷담화는 사람들 사이의 관계를 좋게 만드는 윤활유와 같습니다. 인간 사회에서의 뒷담화, 즉 가십gossip은 원숭이 사회에서 서로 이를 잡아주는 행위와 비슷하다고 합니다.[7]

시시콜콜한 잡담을 나눌 사람이 없을 때 갑자기 외로운 기분이 선명해지는 이유도 그래서일까요? 어쩌면 항상 대단히 사려 깊고 진솔하지는 않다 해도 다양한 이들과 두루두루 잘 지내는 사람을 가리켜 '사회성이 좋다'라고 평가하는 이유도 여기에 있지 않을까 싶습니다.

'나'를 '우리'로 확장하는 힘, 소속감 ✔

어떤 공동체에 속해있다는 느낌, 내가 어느 공동체의 일원이라는 느낌이 바로 '소속감'입니다. 소속감을 느낄 수 있는 공동체의 최소 규모는 두 명이고, 최대 규모는 현존하는 인류 모두 또는 그 이상의

범위로 확대될 수도 있습니다.

가족의 일원이라는 느낌은 희미하지만 오래 유지됩니다. 자발적으로 참여하는 동아리 모임에선 특정한 기간 동안 강렬한 유대감을 느끼기도 합니다. 이렇게 학교나 직장처럼 소속감이 분명한 공동체가 있는 반면, 국가나 성별, 인종처럼 소속감이 희미한 공동체도 있습니다. 보통은 한 사람이 여러 공동체에 소속되어 있고, 어떤 삶을 살고 있는지 또는 인생의 어떤 시기를 보내고 있는지에 따라 소속감을 가장 강하게 느끼는 공동체는 달라집니다.

호모 사피엔스라는 종은 '우리'가 되어서 살아가도록 진화를 해온 터라, 확실하게 소속되었다는 느낌이 들지 않으면 외로움과 함께 불안을 경험합니다. 여러분도 이런 생각을 해본 적이 있지 않나요?

'여기에 나는 어울리지 않는 것 같아.'
'아무도 나를 환영하지 않는 듯한 기분이 들어.'
'다른 사람들은 끼리끼리 잘 어울리네. 끼어들기가 어려워.'
'나는 동떨어져 있는 것 같아.'

이런 생각이 들면, 단지 외롭기만 한 게 아니라 초조해지기도 하고 심지어는 두려운 기분마저 듭니다. 인간은 소속감을 포기할 수 없으니까요.

1992년에 발표된 라디오헤드의 곡 'Creep'이 꾸준히 사랑받는 이유도 이런 종류의 외로움에 관한 공감을 절절하게 불러일으키기 때문이 아닐까 싶습니다. 외로움은 형벌로도 쓰입니다. 인간의 역사에서, 각 문화마다 존재하는 가장 심한 형벌은 사형과 더불어 '추방형'이었습니다. 감옥에서도 잘못한 사람은 독방에 갇히죠. 인간은 어디에도 소속되지 못한 채로는 살아갈 수 없도록 설계되어 있습니다.

많은 사람이 이 소속감을 진하게 느끼고 싶어서 또는 잃고 싶지 않아서, 개인적으로는 절대로 하지 않을 행동을 하기도 합니다. 눈에 띄는 옷을 입는다거나 자신에게 어울리지 않는 언행을 하는 식입니다. 같은 공동체에 속한 구성원끼리의 소속감을 다지기 위해, 과잠이나 가족 티, 커플 티를 맞춰 입는 일이 떠오르네요. 교복이나 근무복도 그렇고, 단체로 맞춰 입는 옷은 아무리 무난하다고 해도 평상시 패션 아이템으로 활용하기는 어렵죠.

드라마 〈이상한 변호사 우영우〉에는 주인공 '우영우'와 친구 '동그라미'가 인사 대신 복잡한 팔동작을 나누는 장면이 자주 나옵니다. 이런 행동도 결속력과 친밀함을 다지는 데 아주 좋은 기능을 해요. ('나는 우영우 안 봤는데' 싶은 분이라면 지금 조금 소외감을 느꼈을지 모릅니다.) 친구들끼리 정한 이상한 인사나 은어, 서로만 알아볼 수 있는 상징이나 마크도 소속감을 강화하는 도구가 됩니다.

청소년기는 특히 가족보다 또래라는 공동체가 가장 중요한 소속이 되는 시기입니다. 그래서 부모님을 비롯한 어른들에게 배운 대로 행동하기보다는 또래 문화를 따르는 말투를 쓰고, 크고 나서 돌아보면 이불킥을 할 만한 행동을 하기도 합니다. 유행하는 옷을 입고 가방을 메고, 유행하는 노래를 듣는 등 '유행'에 무척 민감합니다. 자신의 또래와 느슨한 소속감을 느끼는 게 이 시기엔 정말 중요하거든요.

그중에서도 사춘기 초입에 속하는 중학생들은 또래 안에서의 소속감을 무엇보다 우선시합니다. 응집력을 떨어뜨리는 친구에게는 차갑고 매몰차게 굴기도 하죠. 그래서 친구들과 다르게 말하고 행동하려면, 즉 대세를 거스르려면 외로움을 감수할 용기가 필요합니다. 물론 이런 이유가 다는 아니겠지만, 또래 안에 있기 위해 부모님에게 혼나는 걸 무릅쓰고라도 친구들이 하자는 대로 행동하는 경우도 많습니다. 이 시기는 마음은 아직 여린데 대인관게 기술이 미숙한 상태라, 서로 큰 상처를 주고받습니다. 서로를 이해하지 못하고 용서도 하지 못해서 이때 또래에게 입은 상처는 오래오래 남곤 합니다.

이렇게 무리에 소속되어야 한다는 모호하면서도 강한 열망은, 다른 사람을 해하면 안 되는 걸 알면서도 오로지 내부의 결속을 다지기 위해 폭력적인 행동을 하게 만들기도 합니다. 때로는 내부 갈등을 봉합하고자 다른 패거리와 싸움을 벌이죠. 가치관이나 신념이 비슷한 사람들끼리 모여서 다른 가치관과 신념을 가진 집단과 싸움을 하며, 내부적으로 더욱 끈끈해지는 겁니다.

소속감은 정체감을 만든다 ✅

소속감은 '정체감identity'이라고 하는 것에 중요한 영향을 미칩니다. 정체감은 '나는 이런 사람이다'

라고 스스로 본인에 대해 인식하는 느낌입니다.

예컨대 자기를 소개할 때, 이름과 나이, 출신 학교나 현재 다니는 회사 같은 걸 이야기하잖아요. 출신 학교나 현재 다니는 회사는 모두 뚜렷하게 자신이 과거에 소속되어 있었거나 현재 소속된 곳입니다. 이름도 마찬가지입니다. 우리의 성family name에는 (정작 소개하는 당사자는 모를 수도 있겠지만) 출신에 대한 정보가 담겨있거든요. 또 나이에는 자신이 속한 연령대가 포함되어 있습니다. 사람이 그 어떤 공동체에도 소속되지 않은 채로 온전히 홀로 설 수 없는 이상, '나는 누구인가'를 설명할 때 소속과 본인을 연결해서 설명하는 건 어찌 보면 매우 당연한 일입니다.

정체감은 다양하게 표현됩니다. 누군가는 다니는 직장으로 자기를 소개하고, 다른 누군가는 '나는 어떤 일을 하는 사람이다'라며 직종을 설명하죠. 또 다른 누군가는 자기의 취미나 취향을 언급하며 자기소개를 시작합니다.

본인이 속해있는, 혹은 속했던 공동체 중에서 가장 애정하는 그룹과 공유하는 어떤 아이템이 있다면 그걸 무척 소중하게 여길 겁니다. 그 그룹과 자신을 연결하며 자기소개를 할 때는 당당하게 말할 수 있을 거고요.

반대로 소속하고 싶지 않았던 공동체와 공유하는 아이템은 공동체를 떠나는 즉시, 또는 떠나기도 전에 버릴 수 있습니다. 보통 이렇게 마음에 안 드는 공동체와 관련해서는 자기소개를 꺼리게 됩니다. 어느 대학을 나왔냐고 묻는 말에 말끝을 흐리는 것도, 어떤 동아리 활동을 했었는지 소개할 때 난감해하는 것도 이런 맥락에서 이해할 수 있습니다.

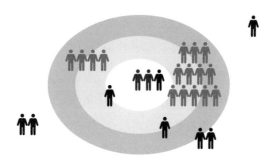

인간은 어디에서 무얼 하든, 완전히 혼자라는 생각이 들면 두려움을 느낀다

사람은 '소속에 대한 욕구'로 살아간다 ✅

우리는 다양한 상황에서 외로움을 느낍니다. 외로움과 비슷한 감정으로는 서운함, 섭섭함 등이 있

죠. 컨디션이 나쁘거나 몸이 아플 때 아무도 관심을 주지 않으면 몹시 서운해집니다. 힘들고 지쳐서 어딘가에 기대고 싶은데도 마음 편히 의지할 사람이 없을 땐 지독하게 외로워집니다. 결국 가까워지고 싶은 상대가 곁을 내주지 않을 때, 사랑받고 싶은데 사랑이 충분하지 않다고 느껴질 때, 우리는 외롭다고 합니다.

하지만 어울릴 사람 자체가 없거나 통하는 사람이 아예 없을 때 느껴지는 외로움은 앞서 언급한 외로움과는 뿌리부터가 다른 감정입니다. 이 외로움은 '소속에 대한 욕구'가 좌절될 때 우리를 찾아옵니다. 나를 오롯이 혼자 두지 마세요. 우리는 타인이 필요합니다.

'인간관계에서 실망하는 게 싫다'라는 이유로 사람들을 피하다 보면, 오히려 점차 타인에게 더 많은 걸 바라게 됩니다. 소속에 대한 욕구에서 비롯된 외로움이 너무 깊어지면 비이성적인 행동을 하게 될 수도 있어요.

만약 온전히 혼자인 것 같다고 느낀다면, 그래서

사무치게 외로운 상태라면 일단 가까운 사람, 혹은
연락이 뜸했던 그리운 사람에게 한번 연락해보세요.

타인에게 받을 수 있는 욕구

애정욕구	**인정욕구**			
'너의 마음과 사랑이 내게 향했으면!'	'내가 얼마나 잘했는지 알아봤으면!'			

	관심욕구	**의존욕구**	**친애욕구**
	'나에게 관심을 가져줬으면!'	'힘들 때 의지가 되는 사람이 있었으면!'	'(너도 나만큼) 나와 친하다고 느꼈으면!'

'우리' 안에 있어야 채워지는 욕구	**소속에 대한 욕구**	'혼자라고 느껴지지 않았으면!'

대인관계 욕구의 구분

일당백인 사람은 없습니다

인간은 원래 하자가 많아서,
다른 사람들과 함께 무리를 이루고 살아야만 합니다.

 022

사람은 잘하는 일이 몇 가지밖에 없습니다. 잘하는 일 몇 가지를 빼고는 잘 못한다는 뜻이죠. 누구나 장단점이 있습니다. 두루두루 잘하는 사람은 특별히 잘하는 일이 없을 수 있고, 특출한 능력을 가진 사람은 동시에 특출하게 부족한 점을 많이 가졌을 수도 있습니다.

모든 일을 다 잘하지 않아도 괜찮습니다. 한 사람이 굳이 모든 일을 잘할 필요는 없어요. 우리는 각자가 잘하는 것으로 공동체에 기여하고, 자신이 못하는 것은 공동체에 의지하는 형식으로 상호-의존하고 협력하며 삽니다. 누구라도 제대로 해내지 못하는 부분이 있을 수밖에 없습니다. 사람의 시간은 한정되어 있고, 그 한정된 시간 내에서 모든 지식과 기술을 다 습득할 순 없으니까요.

특히 현대사회는 고도로 분업화된 사회입니다. 초 단위로 떼돈을 버는 거대 기업의 회장들도 농부의 힘을 빌려야 고급 요리를 먹을 수 있습니다. 만약 이 세상에 농사를 짓고 목축을 하는 사람이 아무도 없다면, 아무도 그런 일을 하지 않겠다고 한다면, 돈이 아무리 많은 재벌이라도 스스로 땅을 파고 소를 몰아야 할 겁니다.

그러니 지금 뭔가를 제대로 해내지 못한다 해서 괴로워하지 않아도 됩니다. 가끔 남들보다 무능하다는 느낌 때문에 힘들 수야 있겠지만, 그냥 우리 모두 지극히 인간적인 인간인 걸로 치죠, 뭐!

학생으로서, 부모로서, 자식으로서, 일을 하든 집안을 건사하든, 맡은 일이나 하려는 일을 다 잘하면 좋겠지만 우리의 능력은 제한적이고 무엇보다 시간이 제한적입니다. 자신을 멋지게 꾸미는 일도, 운동도, 춤도 노래도 마찬가지예요.

모든 분야에서 탁월한 성과를 낼 수 있다면 유일무이한 주인공이 되어 어딜 가나 다른 사람들의 눈에 띄고 폭발적인 관심을 받을지도 모릅니다. 하지만 이렇게 유능한 인간이라 해도 자질구레한 자조 활동에서 결코 자유롭지 않습니다. 사람들에게 잘 안 보이는 구멍도 있죠. '일당백'이 되면 과연 만사가 즐거울까요? '나는 더 큰 일을 하느라 바쁜데, 이렇게 사소한 일들까지 스스로 해야 한다고? 시간 낭비야!'라는 생각 탓에 또 다른 괴로움을 마주하게 되지 않을까 싶습니다. 그리고 어떤 이유에서든 눈에 띄는 사람들은 자신과 비슷한 상황을 겪은 사람이 적으니 비숫한 감정이나 생각을 공유할 곳이 없어 외로움을 타기 쉽습니다. 실제로도 많은 연예인이 이런 종류의 외로움을 종종 토로하곤 하죠.

저도 예전에, 잘하지도 못하는 일인데 그 일을 할 사람이 저뿐이라 절대 그만둘 수는 없어서 하루하루 무능함에 수치심을 느끼며 근근이 버티던 시절이 있었습니다. 끝을 알 수 없는 긴 터널을 지나는 것 같았습니다. 몸과 마음이 너덜너덜해졌고, 거의 매일 슬프고 두렵고 무기력했어요. 그런데 천만다행으로 저는 그때 혼자가 아니었습니다. 힘든 상황에서 함께 하는 처지였기에 모두 훌륭하지는 않았고 심지어 무척 약한 상태였지만, 그래도 '혼자는 아니다'라는 생각으로 서로 싸우면서도 기댈 수 있었습니다. 하루하루를 버티는 힘이 되어주었죠.

내가 맡은 모든 역할을 다 잘해내지는 못하더라도, 가끔은 나만의 능력을 발휘할 때가 오기 마련입니다. 고만고만한 능력과 고만고만한 결점을 가진 우리는 여럿이니까, 여럿이서 실컷 아옹다옹하고 서로 기대어 킬킬거리기도 하면서 덜 외롭게 지내봅시다.

'관계가 좋은 것'과
'우리가 잘 지내는 것'은 별개입니다

두 사람이 사이가 좋다고 해서
'우리'가 잘 지내는 건 아닐 수 있습니다.
두 사람이 싸움이 있다고 해도
'우리'는 괜찮을 수 있습니다.
반대로 전혀 싸움이 없는 두 사람이라고 해도,
아무 문제가 없다고 단언할 순 없습니다.

 023

극단적인 예를 하나 들어보겠습니다. A와 B는 함께 자취를 하는 친구 사이입니다. 두 사람 다 성격이 소탈하고 유순합니다. 그리고 게으르고 무심하기도 합니다. 그래서 둘 모두 청소 같은 건 딱히 신경 쓰지 않습니다. 이 둘은 청소가 안 된 지저분한 집에서 편하게 먹고 자고 사이좋게 드라마도 보고 게임도 합니다. A와 B는 성격이 잘 맞아요. 그래서 자신에게 가타부타 불평이나 잔소리를 하지 않는 친구를 좋아하고, 서로를 진실한 친구라고 여깁니다.

그런데, 둘이 함께 꾸리는 이 집이 과연 잘 굴러가고 있는 걸까요?

같이 있는 사람들끼리 싸우지 않고 사이가 좋다면, 별다른 문제가 없는 것처럼 보일 수 있습니다. 반대로 사람들끼리 갈등이 잦고 사이가 나쁘다면 그 집단에 뭔가 문제가 있다고 여겨지기 쉽죠. 물론 같이 뭔가를 하는 사람들끼리 계속 싸워대면 마음이 불편합니다. 서로 콩떡같이 말해도 찰떡같이 알아듣고, 성격이나 의견이 비슷해서 싸울 일이 없다면 좋긴 합니다.

하지만 그에 못지않게, 서로 다른 점을 많이 가

진 사람들이 만났을 때의 시너지도 무시할 수 없습니다. 갈등이 자주 생길 수는 있겠지만 각자의 장점으로 다른 사람의 단점을 보완하는 게 가능하다는 점에서 더 발전적이기도 해요. 갈등이 없는 게 가장 좋은 상태가 아닐 수도 있고, 싸움을 한다 해서 꼭 나쁘기만 한 것도 아니라는 뜻이에요.

저는 부부나 커플, 부모-자녀처럼 가까운 사람들 간의 관계 문제를 살펴볼 때 먼저 서로의 성격을 찬찬히 확인합니다. 그러면 두 사람의 성격이 너무 달라서 늘 비슷한 이유로 갈등이 생기는 걸 어렵지 않게 읽어낼 수 있습니다. 아주 흔한 갈등 양상을 예로 들어볼게요.

근면한 C와 임기응변에 강한 D ✔️

근면 성실한 C와 즉각적인 대응에 강한 D, 이런 성격의 두 사람이 가까이 지내면 어떻게 될까요? 우선 일은 C가 미리미리 해치웁니다. 반면 예상치 못한 문제가 터졌을 땐 D가 당황하지 않고 해결합니다. D의 눈에 C는 쓸데없이 걱정이 많은 사람으로 보입니다. C의 입장은 다르죠. D도 함께 대비했다면 문제가 터지기 전에 더 많은 준비를 할 수 있었을 거라고 생각하면서 D를 게으르고 무심한 사람으로 여깁니다.

이 둘이 싸우면, D는 C에게 '미리미리 하면 뭐하냐. 결국 내가 다 처리하지 않았냐'라고 비난하게 됩니다. C는 D에게 '왜 평소엔 도와주지도 않으면서 잔소리를 하냐'라며 원망을 하더라고요.

만약 둘 다 부지런하고 미리 준비하는 스타일이었다면, 모든 걸 사전에 철저히 대비할 수 있었겠죠. 이런 점에선 서로 의견이 같을 테니 싸움은 덜 할지도 모릅니다. 하지만 애초에 '모든 걸 다 준비'하는 건 불가능한 일입니다. 준비를 너무 철저히 하는 게 오히려 비효율적인 면도 있고요. 게다가 그렇게까지 대비를 했는데도 예외적인 상황이 발생하면, 계획이 다 틀어져버리니 앞일이 깜깜해질 수 있습니다. 반대로 둘 다 임기응변에 강한 사람들이었다면 (우선은 신이 좀 나겠고) 무슨 일이 벌어져도 어떻게든 되는대로 수습이야 하겠지만, 많은 결정을 충동적으로 내려서 사고가 계속될 수도 있습니다.

지금 그대로의 C와 D가 함께한다면 어떨까요? 약간의 갈등을 겪긴 하겠지만 C가 철저하게 준비하고 D가 실무를 하면서 예외적인 상황에도 잘 대응해

갈 수 있습니다. '갈등이 있다는 게 나쁜 건 아니다'라는 전제를 씌워 생각해보면, 둘은 상당히 이상적인 조합입니다. 서로의 강점을 살리고 단점을 보완해주는 관계니까요.

누군가와 원만하게 지내는 것과 두 사람이 같이 속한 '우리'가 안녕한 것은 별개입니다. 친구들끼리 죽이 너무 잘 맞으면 서로에 대한 신뢰를 바탕으로 절대로 저질러선 안 되는 사고를 치기도 하잖아요. '같이 놀면 즐겁지만 내 인생을 수렁으로 빠뜨릴 친구'와의 관계가 절대 건강한 건 아닐 겁니다.

조금 다른 경우도 살펴볼까요? 다 함께 모일 때는 그럭저럭 지낼 만한 그룹인데, 그중에 불편한 사람이 섞여있어 혼란스러울 때가 있습니다. 가령 각자 맡은 일을 잘 해내기만 하면 조직은 원활히 굴러가지만, 대화가 전혀 안 통하는 동료가 한 명이라도 있으면 마음이 복잡해지죠. 이럴 때 몇몇 분들은 (조직이 이미 잘 굴러가고 제 기능을 함에도 불구하고) '이 조직에 뭔가 문제가 있다'라고 여기거나 사람들 사이의 관계를 바꿔보려고 애씁니다. 반대로 가정이 해체되어 가족으로서의 기능이 사라진 상황에서도, 가족 구성원

개개인들은 그럭저럭 원만한 관계를 유지하며 지내는 게 가능합니다.

다시 말하지만, '우리로서 잘 지내는 것'과 '누군가와 원만하게 지내는 것'은 (아주 관련이 없다고는 할 수 없겠으나) 본질적으로는 별개입니다. '우리'에 대한 인식과 그 '우리'에 속한 사람들과의 관계가 일치하지 않아 혼란스러울 때가 있죠? 그럴 땐 그냥 '우리 회사 사람들은 사이는 나빠도 각자 일은 잘해서 회사가 무난하게 돌아가는구나', '아, 우리 가족은 원만하지만, 나랑 아빠는 사이가 별로구나', '우리 엄마 아빠는 사이가 나쁘지만, 그래도 우리 가족이 유지는 되고 있구나' 정도로 간단히 정리해버리면 그만입니다.

나쁜 사람만 가해자가 되는 게 아닙니다

피해자가 되면 어쩌나 걱정을 하지만
사실 우리는 누구라도, 언제라도 가해자가 될 수 있습니다.

 024

가상의 예시를 하나 들어볼게요. 무척 외향적이고 밝은 성격으로 주변에 사람이 많은 친구가 한 명 있습니다. 쾌활하고 유머 감각도 풍부해서 같이 있으면 재밌는 친구입니다. 하지만 속에 말을 담아두기보다는 생각나는 대로 뱉어야 직성이 풀리는 면이 있고, 그 방식이 몹시 직설적이기도 합니다. 딱히 악의가 있는 건 아닌데, 인사를 하며 "어머! 눈이 왜 그래? 완전 퉁퉁 부었네? 차였어?"라고 덧붙인다거나 "네가 이번 시험 꼴등 했다며?"라며 상대방 면전에서 말하는 식이라, 같이 다니다 보면 은연중에 상처를 입게 됩니다.

이 친구와 지내다 보니 불편하고 불쾌한 기분이 차곡차곡 쌓입니다. 대수롭지 않은 일로도 싸움이 일어나곤 하죠. 그래서일까요? 이 친구와 조용히 또는 대놓고 손절하는 사람들이 점점 늘어납니다. 이 친구는 상대방에게 상처를 입힐 '의도'로 그런 말을 한 게 아닙니다. 하지만 이런 말을 들은 상대방은 '상처'를 입습니다. 상처를 입은 사람이 있긴 하지만, 그럼에도 정말로, 이 친구의 말들은 의도적인 건 아니었어요.

이 가상의 예를 통해 제가 전하고 싶은 말은, '의도'와 '상처'는 관련이 없을 수 있다는 겁니다. 누군가의 말로 상처를 입었을 때 사람들은 보통 상대방이 일부러 그랬을 거라고 생각합니다. 하지만 사실은 뚜렷하게 나쁜 의도를 품어야만 상처를 줄 수 있는 게 아닙니다. 딱히 의도하지 않아도 우리는 상처를 입기도 하고, 입히기도 합니다.

이렇게 나쁜 의도를 가진 사람이 전혀 없는 상황에서도 상처를 주고받는 게 인간관계입니다. 상대방을 위한다는 좋은 마음으로 나쁜 행동을 할 수 있는 게 사람이에요. 다른 이와 가깝게 교류를 하다 보면, 우리는 종종 좋은 의도를 가진 채 서로를 불행하게 합니다.

원래 모든 사람은 어떤 면에서든 부족하고 무능하고 무지합니다. 사회 기술이 만렙인 분도 다른 사람에게 실수를 합니다. 다른 사람과 지낼 때 내가 상처를 입지 않기 위해 조심하는 것도 중요하지만, '무심'하거나 '무신경한' 태도로 누군가에게 상처를 입힐 수 있다는 점도 꼭 기억해야 합니다.

'나는 착한 사람이고 약한 사람이야. 나처럼 착

한 사람은 절대로 어떤 경우에도 누구에게도 상처를 입힐 리 없어'라고 생각하는 사람이라면, 누군가가 나 때문에 상처를 받았다고 주장할 때 억울한 마음이 들 겁니다. 하지만 아무리 착하고 약한 사람이라도, 부주의나 안일한 태도, 심지어는 가까운 사람들을 위하는 좋은 마음으로 누군가에게 부담을 주거나 상처를 입힐 수 있습니다. 의도와는 다르게 간접적인 피해를 끼칠 수도 있죠. 암만 좋은 사람이라도 때로는 누군가에게 '가해자'가 될 수 있습니다.

그러니 자신이 타인에게 가해자가 될 수 있다는 가능성을 충분히 생각해두세요. 의도하지 않았다는 이유만으로 상대방이 입은 상처를 나 몰라라 하면, 그땐 진짜 나쁜 가해자가 되는 거니까요.

천벌은 나쁜 사람이 받는 게 아닙니다

단지 불운한 일을 겪은 안타까운 사람을,
'천벌'을 받은 나쁜 사람으로 둔갑시키지 말았으면 합니다.

 025

상담사로서 일을 지속하기 위해, 저는 주기적으로 전문성 강화 및 역량 강화 교육을 듣습니다. 몇 해전에는 이런 교육의 일환으로 범죄피해자 상담 교육을 수강하기도 했습니다. 그리고 교육을 듣는 동안 '권선징악'이 얼마나 나쁜 이념교육인지 생각해보게 되었습니다.

우리는 어릴 때부터 '권선징악'의 논리를 배웁니다. 나쁜 일을 하면 언젠가는 천벌을 받는다는 생각을 아주 자연스럽게 가지죠. 저도 은연중에 그런 생각을 하고 있더라고요.

여기서 말하는 '천벌'이란 건 뭘까요? 끔찍한 병을 얻거나 불시에 커다란 불행을 겪는 일일 겁니다. 그런데 사실, '불시에 찾아오는 커다란 불행'은 과거에 저지른 나쁜 일과는 별로 관련이 없습니다. 말 그대로 그냥 불운한 사건일 뿐입니다.

권선징악은 '선'을 권하고 '악'을 징벌한다는 의미입니다. 착한 일을 하면 복을 받고 나쁜 일을 하면 벌을 받는 논리라, '천벌(하늘이 내리는 벌)'을 받는다는 건 과거에 나쁜 일을 저질렀다는 의미가 됩니다. 그런데 소위 '천벌'이라고 언급되는 고통스러운 사건들은, 살다 보면 정말 누구라도 겪을 수 있는 일들입니다. 즉 불운하고 고통스러운 일들은 애초에 징벌이 아닌 거예요.

고치기 어려운 큰 병에 걸리거나 가까운 사람이 갑작스럽게 죽음을 맞이하면, 대개 '내가 무슨 큰 죄를 지었다고……'라는 말이나 생각을 합니다. 하지만 병이나 죽음 같은 일들은 인간의 의지와는 무관하게 발생해요. 그렇잖아도 힘들어하는 사람에게 '내가 죄를 지어서 벌을 받는 건가' 하는 생각까지 얹어주는 권선징악은, 그다지 유익한 이념이 아닌 것 같습니다.

많은 이에게 큰 피해를 입히고도 벌을 받지 않는 사람들을 우린 이미 알고 있잖아요. 그런 '진짜 나쁜 사람들'이 합당한 처벌을 받게 만드는 일이 얼마나 어려운지도요. 이런 가해자 중에는 오히려 '나는 천벌을 받지 않았으니 잘못한 게 없다'는 식으로 말하며 권선징악의 논리를 오용하는 사람도 있습니다. 반대로 피해자는 자신이 불행(범죄의 타깃이 되는 일)을 겪었으니 '내가 뭔가 잘못해서 천벌을 받았나 보다'라고 생각하기도 한다니, 안타까운 마음이 듭니다.

그러니 자라나는 아이들에게는, 천벌을 받지 않기 위해 착하게 살아야 한다고는 가르치면 안 될 것 같아요. 대신 누군가에게 상처를 주고 싶다는 생각을 하는 것까지야 어쩔 수 없지만, 실행으로는 절대 옮기지 말라고 알려주는 거예요. 살다 보면 딱히 의도하지 않아도 서로 상처를 주고받게 되니 가급적 주변에 친절과 배려를 베풀라고 가르쳐야겠습니다. 또 상처를 받으면 상대방에게 말을 하고, 누군가가 '너 때문에 상처를 받았어'라고 이야기하면 일단 들어주라고도요.

6장

타인은 내가 아니라서, 잘 지내려면 인내와 노력이 필요하다

사람들은 저마다 각자의 우주에서 삽니다

가까운 사이에서는 굳이 말하지 않아도
상대방이 내 마음을 알 것 같지만,
사실 제대로 말을 해도 오해는 생깁니다.

 026

최근 어떤 책에서[8] '헤어진 이유에 대한 설문'을 토대로 진행된 연구 결과를 봤습니다. 이별을 경험한 남녀를 대상으로 진행된 연구인데, 헤어진 이유에 관한 인식의 차이가 너무 극명해서 인상적이었습니다. 결과에 따르면 대부분의 여성은 '헤어지기 전까지의 거의 모든 순간이 헤어지는 이유가 되었기에 너무 괴로워서' 헤어졌다고 답했고, 대부분의 남성은 '헤어진 이유를 알 수 없어서 억울하다'는 답을 했다고 합니다. '같은 일을 겪고도 이렇게까지 서로 다른 경험을 할 수 있구나'를 보여주는 연구 결과가 아닌가 싶습니다.

그런데 저마다 각각의 세상에서 살아가는 건 지금도 일상에서 매일 일어나는 일입니다. 원래 사람은 같은 상황에서도 각자의 입장이나 성향, 그날의 컨디션에 따라 다른 기억을 가집니다. 다르게 기억한다는 건 애초에 서로 다른 곳에 관심을 기울였다는 의미입니다.

단적인 예로, 함께 여행했던 지인들과 후기를 나누는 경험을 떠올려보세요. 분명 같은 곳을 방문했는데도 사람들은 각자 다른 장면을 기억합니다. 같이 여행하고 돌아오면 "넌 그런 걸 언제 봤어?"라든가, "아니, 그걸 못 봤어?" 같은 말들을 주고받지 않나요? 같은 일을 경험하면 같은 걸 보고 들을 것 같지만, 저마다 더 관심을 기울이고 더 중요하게 생각하는 게 전부 각각입니다.

다른 이유도 있습니다. 애초에 사람들은 다르게 듣고 다르게 봅니다. '이 드레스가 무슨 색으로 보이냐'라는 황당한 질문이 인터넷을 뜨겁게 달궜던 적이 있습니다(지금도 '드레스 색깔'이라는 키워드를 검색하면 뜨거웠던 그때의 싸움을 확인할 수 있습니다). 당시에 저는 드레스 사진을 보자마자 "에이, 딱 봐도 파란색이랑 검정색인데 무슨 논란이야"라고 했는데, 옆에 있던 분은 "흰색이랑 금색이잖아"라고 말해서 깜짝 놀랐던 기억이 있습니다. 지금 생각해도 어이가 없고, 웃기기까지 합니다. 암만 봐도 제 눈엔 파란색으로 보이거든요.

이 일로 저는 한 가지를 깨달았습니다. 카메라를 통해 촬영된 사진 속의 색깔조차 저마다 다르게 보인다면, 비슷한 환경에서 유사한 일을 겪은 사람들의 경험과 기억도 판이할 수 있겠구나 하는 겁니다.

그간 쌓아온 지식과 경험이 현재의 감각에 영향을 주기도 합니다. 같은 소리를 들었다 해도 기존의 경험에 따라 얼마든지 다르게 들릴 수 있습니다. 하지만 대부분의 사람은 '내가 직접 보고 들었다'라는 이유만으로 그게 '사실'일 거라고 여깁니다. "내가 똑똑히 봤어" 또는 "내가 다 들었어"라는 말을 쓰는 것도 그 때문입니다. 자신의 기억에 없으면 "나는 못 들었어", "나는 못 봤는데?"라고 부정하며 사실이 아닌 듯이 여기기도 하고요.

분명하게 관찰할 수 있는 사진과 쨍하게 녹음된 노래 가사조차도 다르게 보고 다르게 듣는 게 인간입니다. 그러니 다른 사람의 생각이나 의도, 감정에 대해 섣불리 확신해선 안 됩니다. 우리는 다른 이와 함께 있을 때, 언어로 대화를 나누기도 하지만 상대방의 표정이나 시선, 태도, 행동을 관찰하기도 합니다. 이를 통해 의지, 의도, 생각, 신념, 판단, 취향, 기준, 감정, 성격을 짐작하고요. 네, 말 그대로 짐작이지 사실이 아닙니다.

"네가 그때 날 비웃는 거 봤어."

이런 주장이 전부 착각이거나 거짓이라는 의미
는 아니에요. 하지만 사람이 보고 들은 건 현실을 완
벽하게 녹화해서 저장한 기록이 아니니, 지나친 확신
을 가지거나 단정적으로 판단해버리면 안 됩니다.

대부분의 사람은 표정과 시선, 태도와 말, 행동
등의 '우회적인' 요소를 통해 상대방의 마음을 짐작
하는 능력을 웬만큼 갖추고 있습니다. 이 능력이 유
난히 좋은 사람도 있긴 합니다. 다만 아무리 비언어
적인 신호로 사람의 마음을 헤아리는 능력이 뛰어나
다 해도 그렇게 헤아린 내용이 완벽한 정답일 순 없
습니다. 엄청나게 가까운 사이라 해도, 척하면 딱 알
아들을 수 있을 정도로 잘 통하는 관계라고 해도 마
찬가지입니다.

혹시라도 가까운 사람들과의 자잘한 오해나 갈
등이 반복된다면, 표정이나 말투, 행동이나 분위기
같은 걸로 상대방의 마음을 짐작한 내용에 대해 너
무 확신을 갖지는 마세요. 그리고 애초에 정답을 맞
출 수도 없는 상대방의 마음을 헤아리는 데 너무 많

==은 시간을 쓰지 마세요.== 차라리 어떻게 하면 내 표정을 더 잘 관리하고 더 논리적으로 말할 수 있을지를 고민하고, 나의 표정과 태도, 말과 행동을 단정하게 다듬는 데 쓰는 시간을 늘려보세요. 다른 사람의 표정을 신경 쓰기보다는, 상대가 하는 말을 잘 듣고, 제대로 이해했는지 확인한 후 단정하고 명료하게 응답하려고 애를 쓰는 게 부작용이 적고 효율적인 방법입니다.

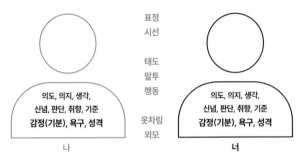

사람의 마음 안쪽에 있는 것들과 겉으로 드러나는 것들을 잘 구분하자

거절이나 요청, 건의, 부탁은 상대방에게 대놓고 말하기가 부담스러울 수 있습니다. 이런 말을 하는 게 극도로 어려운 상황에선 얼굴이 빨개지고 땀이 나거나 몸이 경직되고, 몸이 배배 꼬이는 것 같습니다.

하지만 원만하게 어울려야 하는 사람에게 자신의 감정과 의견을 전하고 불만과 어려움, 요구 사항을 표현하는 건 구차한 게 아닙니다. 앞서 언급했듯, 사람이라면 기본적으로 비언어적 요소를 통해 타인의 생가을 헤아리는 능력을 가졌습니다. 허나 구체적인 생각과 행동은 결국 '말'로 전달됩니다. 사실은 말로 해줘도, 그 말마저 자기 식대로 이해하는 게 사람입니다.

말을 해도 오해는 필연적으로 발생합니다. 하지만 말조차 제대로 하지 않으면, 더 많은 오해가 생길 뿐 아니라 오해를 풀기도 어려워집니다. 그러니 '말'을 듣고 '말'로 전달해서 오해를 줄이기 위해 애쓰고, 자신이 경험하는 불편한 마음을 그나마 알기 쉽게 전해봅시다.

섭섭함과 실망은
기대 때문에 생기는 감정입니다 $\mathcal{Q}$

섭섭해지기 싫고 실망 때문에 괴롭다 해서,
기대를 낮추려고 하거나
기대 자체를 안 하려고 하지 마세요.
기대는 높거나 많을 때 문제가 되는 게 아니라,
비현실적일 때 문제가 됩니다.
비현실적인 기대는 실현이 불가능하거든요.
그러니 기대를 낮추는 대신, '현실화'를 해보세요.

 027

기대를 아예 안 할 수는 없다 ✔

기대와 실망을 주제로 이야기를 나눌 땐 이런 말로 대화를 시작하곤 합니다.

> "아, 맞아요. 영화가 그래요. 별 기대 없이 보면 그럭저럭 재밌는데, 기대를 하고 보면 실망할 때가 많아요."

모든 영화를 보러 갈 때 별 기대를 품지 않는 것도 하나의 방법이겠지만, 왜인지 기대를 일부러 안 하는 일도 마음대로 되질 않습니다.

우리는 생각보다 아주 빈번하고 자연스럽게 다른 사람에게 뭔가를 기대하고, 또 기대를 받습니다. 기대란 일부러 하려고 하는 게 아닌데도 그냥 하게 되는 겁니다. 내가 기대를 받는 입장일 때도 마찬가지입니다. 부응하고 싶지 않다고 해도 마냥 무시하는 게 쉽지 않죠.

"이 정도는 거뜬히 하겠지?", "설마 이런 것도 못 하겠어?", "이번엔 지난번보다 잘할 수 있겠지?" 같은 말에는, 쉽게 잘해낼 거라는 '기대'가 내포되어 있습니다. '기대'라고 표현하면 거창해 보이지만 사실은 이렇게나 사소한 일입니다. 그럼에도 잘해낼 수 있으리라는 확신이 부족할 때 기대를 받게 되면 그에 부응하지 못할까 봐 부담이 됩니다.

"잘하긴 했는데, 다음엔 좀 더 잘해봐요", "애썼네. 근데 좀 아쉽네"와 같은 표현에는 '이것보다는 더 나은 수행'에 대한 기대가 노골적으로 묻어납니다. 게다가 발화자의 실망감도 분명하게 느낄 수 있죠. 이런 말은 내가 들었다고 가정하는 것만으로도 속이 상합니다. 반면 어떤 기대는 부응하고 싶은 마음이 커서 더 흥이 날 때도 있습니다.

너무 많은 기대를 받는다고 느끼면 부담스럽다 못해 무섭고, 그래서 하기가 싫어질 수도 있습니다. 그렇다고 누군가로부터 아무런 기대를 받지 못한다는 생각이 들면 괜히 의욕이 떨어지고, 씁쓸하고 서운합니다. 기대는 나쁜 게 아닙니다. 기대에 부응하고 싶어지는 마음도 좋은 마음이고, 뭔가를 하는 데 도움이 됩니다. 기대가 너무 과하면 문제가 되지만, 아무 기대 없이 행동하는 것보다는 기대를 받으며 수행하는 게 더 좋은 성과를 낳기도 합니다.

하지만 나쁜 기대도 있습니다. 현실에서 이룰 수 없는 기대입니다.

섭섭함과 실망은 기대를 한 사람이 다뤄야 하는 감정 ✅

'부모가 바라는 자식으로 사는 것'은 어떤 일일까요? 부모님이 바라는 대로 산다고 생각하면, 누구나 마음이 복잡해지지 않을까 싶습니다. 엄마 또는 아빠가 연출하는 가족 드라마에서 지정받은 자식의 역할을 수행하는 것과 비슷하겠죠.

부모님이 연출하고 싶어 하는 드라마는 대개 훈훈하고 교훈적일 겁니다. 그렇게 살아갈 수 있다면 다른 사람들의 부러움을 살지도 모릅니다. 하지만 우리는 각자의 삶을 사는 사람이지 드라마의 배역을 맡은 연기자가 아닙니다. 그러니 부모님의 드라마를 완성해드리는 게 자식의 도리는 아닙니다.

자식의 입장에선 부모님이 나 때문에 '실망'한다는 걸 느끼면 미안해지기도 합니다. 하지만 그렇다고 죄를 지은 건 아니잖아요. 부모가 되어 자식을 키우면서 이루고 싶었던 평범하고 아름다운 꿈이 이뤄지지 않은 현실에 대한 실망은, 애석하지만 부모님 자신이 감당하셔야 합니다.

자식의 입장도 마찬가지입니다. 자식도 본인이 생각하는 가족 드라마가 있습니다. 부모님이 정답고 감동적인 드라마를 꿈꾼다면, 자식은 코믹한 시트콤을 꿈꿀 수도 있을 거예요. 그리고 시트콤에 부모님도 동참해주기를 바랍니다. 하지만 많은 경우 부모님은 자식이 꿈꾸는 시트콤을 가볍게 무시하고 망쳐놓습니다.

'다른 엄마는 안 그러던데', '무슨 아빠가 저래?'와 비슷한 생각을 안 해본 사람이 과연 있을까요? 나는 부모님에게 많은 걸 바라는 게 아닌데, 자식으로서 부모님에게 이 정도의 기대도 하면 안 되는 건가 싶기도 합니다. 실제로 저는, "나는 우리 부모님한테 이 정도도 바랄 수 없는 건가요?", "엄마라면 자식한테 그 정도는 해주는 게 당연한 거 아니에요?", "아빠라는 사람이 자식한테 그러면 안 되는 거잖아요!", "애를 낳기 전에 부모 자격 검사를 해야 해요. 우리 부모님 같은 사람이 자식을 낳지 못하게"와 같은 말도 자주 듣습니다.

부모님으로부터 원래 어떤 가정을 꿈꿨는지, 또 자식이 어떤 딸/아들이 되기를 바랐는지를 들으면 이를 충족하지 못하는 자식으로서는 몹시 슬프고 화가 납니다. 자식에게서 "누구네 집 엄마는 엄마 같지 않던데", "아빠인데 그것도 못 해줘요?"라는 말을 들는 부모도 슬프고 화가 날 겁니다. 자신이 생각하는 가족 드라마가 아무리 근사하고 아름다워도, 현실은 드라마가 아닙니다. 드라마가 현실에서 완성되지 못했을 때 느끼는 슬픔과 실망은, 드라마를 꿈꿨던 각자가 감당해야 합니다.

기대를 현실화한다는 것 ✓

거울에 비친 나조차도 내 마음에 쏙 들지 않는 법입니다. 내 마음도 내 행동도 내 건강도 내 마음대로 되지 않습니다. 그런데도 다른 누군가가 내가 원하는 대로 해주기를 바라는 건, 어쩌면 기적을 바라는 마음에 가깝습니다.

부모가 자식을 사랑하는 건 당연해 보입니다. 그런데 사랑을 하고 사랑을 주는 방법은 사람마다 다릅니다. 받고 싶은 사랑의 형태도 사람마다 제각각이죠. 부모가 나름대로 사랑을 퍼부어도, 그 사랑의 형태가 자식이 받고 싶은 모습이 아니라면 자식은 자신이 사랑을 받았는지를 알기 어렵습니다.

또, 누군가에게 사랑을 주려면 우선 그 사람의 마음속에 사랑이 충분히 있어야 합니다. 부모가 된다고 해서 자식에게 줄 사랑이 저절로 퐁퐁 솟아나는 게 아니에요. 원래 사랑이 많은 분들도 있지만, 사랑을 받은 경험이 있어야 누군가에게 사랑을 베풀기가 쉽습니다. 만약 부모님으로부터 받은 사랑과 관심이 부족하다고 느낀다면, 애초에 부모님의 가슴속에 사랑이 적었던 건 아닌지, 자신이 원하는 사랑의 형태를 부모님이 맞춰주지 않은 건지 등을 구분해보세요. 부모님의 사랑에 대한 나의 기대를 현실화하는 데 도움이 될 겁니다.

내 마음 속 '보통 엄마'와 이별하기 ✔️

사람들 대부분의 마음 안에는 '보통 엄마'가 있습니다. 따뜻하고 포근하고, 어떤 말을 해도 다 받아주는 게 당연한, 어떤 '보편적인 엄마의 이미지'인 셈이죠. 그런데 정작 우리 엄마는 그런 엄마와 딱 맞지는 않잖아요. 우리 엄마는 당연하고 평범한 것들을 다 해주지는 않습니다. 그러니 우리는 진짜 엄마가 보통 엄마답지 않을 때 진짜 엄마에게 실망하게 됩니다. 내 마음속을 차지하고 있는 '보통 엄마'가 진짜 엄마와의 관계를 방해하는 겁니다.

우리 각자의 마음속에 있는 보통 엄마와 이별을 해야, 현실의 우리 엄마와 담백하게 만날 수 있습니다.

그러니 보통 엄마를 마음에서 내보내주세요. 그 '보통 엄마'는 여러분의 진짜 엄마가 아닙니다. 우리 엄마는 보통 엄마가 아니고, 그렇게 될 수도 없습니다.

우리 엄마, 아빠의 마음에도 '평범한 자식'의 이미지가 있겠죠? 얌전하고 말 잘 듣고 말썽 안 부리고 공부도 알아서 적당히 하는, 보편적인 자식의 이미지요. 자식 입장에서 보통 엄마를 마음에서 내보내는 일은 무척이나 슬프고 고통스럽습니다. "우리 엄마는 그렇게 될 수 없는 거예요?"라며 미련을 품기도 합니다. 어쩌면 우리 부모님들도 '평범한 자식'과 영영 헤어지는 게 쉽지 않을지도 모릅니다. 하지만 우리 마음속의 '보통 엄마(부모)'와 부모님 마음속의 '평범한 자식'이 사라져야만, 비로소 현실에서 부모-자녀가 만날 수 있습니다. 사실 아주 어려운 일이죠.

우리는 자신의 인생이 그럭저럭 괜찮은 드라마가 되기를 바랍니다. 따뜻한 가족 드라마를 꿈꾸기도 하고, 시끌벅적한 시트콤이나 달달한 멜로드라마, 신나는 모험극을 그려보기도 합니다. 하지만 내가 연출하는 드라마에선 나조차도 스스로 정한 스펙을 달성

하지 못할 수 있습니다. 그렇다면 다른 주연이나 조연들은 어떨까요? 아마 연출자가 하자는 대로 전부 따르기 싫어할 테고, 그렇게 살아줄 수도 없을 거예요. 모두에겐 각자의 드라마가 있습니다. 주변 사람들은 내가 연출하는 드라마의 플레이어가 아닙니다. 그 누구도 다른 사람이 연출한 무대에서 역할을 연기하듯 사는 걸 원치 않습니다. 많은 대인관계 갈등은 나의 드라마와 상대방의 드라마가 달라서 벌어지기도 합니다.

무엇보다 중요한 건, 우리의 현실은 드라마가 아니라는 점입니다. 아름답게 연출한 드라마처럼 살아가려고 애쓰기보다는 현실을 바라봅시다. 나와 다른 사람이 가진 좋은 점을 보려 노력하고, 부족한 점을 안쓰러워하기도 하면서 각자의 삶을 살아야 합니다.

칭찬받은 행동은 또 하고 싶어집니다 🔍

누군가로부터 칭찬받고 싶어 하는 마음은
인간의 본성입니다.
혼나지 않고 칭찬을 받고 싶어서
다른 사람들의 눈치를 보고 있다면,
지극히 인간적인 겁니다.

 028

모든 사람은 칭찬받고 싶어 합니다. 빈말이라 해도 칭찬을 받으면 자신이 쓸모 있고 괜찮은 사람이라고 느껴져서 기분이 좋거든요. 칭찬을 받으려 애를 쓰다 보면 자신의 본래 능력보다 더 좋은 결과물을 만들 수도 있습니다.

하지만 딱히 좋아하지도 않고 재미도 없는 일을, 오로지 칭찬을 받기 위해 하다 보면 처량하고 비참한 기분이 듭니다. 칭찬 하나만을 바라고 억지로 해냈는데도 정작 칭찬과 인정을 받지 못하면 그만큼 서운한 것도 없습니다. '칭찬'은 참 좋은 건데, 왠지 불편하기도 하고 애증이 느껴지기도 합니다.

이렇게 칭찬과 인정에 목을 매고 자신이 얼마나 애를 썼는지 누군가가 알아주길 바라는 마음, 그러니까 '칭찬을 받으려는 마음'이 있는 건 사실 생존에 유리하다고 합니다.* 칭찬을 받을 만한 행동들은 대체로 자기 자신이나 다른 사람에게 좋은 결과로 이어질

---

* 뇌과학 분야에는 이 관점을 지지하는 여러 연구가 있습니다. 뇌의 보상회로는 칭찬을 받을 때 활성화되어 도파민이라는 호르몬을 분비합니다. 도파민은 우리가 즐거움을 느낄 때마다 분비되는 물질인데, 이로 인해 활력과 의욕이 증가하고 기분이 좋아집니다. 이런 과정을 통해 우리는 칭찬받을 만한 행동을 반복하게 되며, 이는 생존에 유리한 행동 패턴을 강화하는 역할을 합니다.

수 있는 일들입니다. 그래서 힘들고 귀찮지만 바람직한 행동을 실천했을 때 칭찬을 받으면, 다음번에는 그 칭찬 하나만 바라보고 바람직한 행동을 한 번 더 시도해보게 됩니다. 칭찬을 받은 학급이 다른 학급에 비해 평균적으로 더 높은 학업 성취를 이뤄냈다는 실험도 있습니다.*

칭찬받은 행동을 계속하도록 만드는 게 칭찬의 효과 ✅

"칭찬을 자주 해보세요"라는 말을 들으면 어떤 생각이 드나요? 제가 누구에게든 이런 제안을 했을 때 가장 많이 들었던 답은 "칭찬할 게 없어요"였습니다.

'칭찬'이나 '인정'이라고 하면, 뭔가 거창한 성과가 전제되어야 할 것 같긴 하죠. 그런데요, "잘했다" 혹은 "대단하다"라는 말을 하는 것만이 칭찬은 아닙니다. 거창한 성과를 이뤘을 때만 하는 것도 아니고요. 말했다시피 칭찬은 힘들고 하기 싫은 일이라도 한 번 더 하게 만드는 효과가 있습니다. 그러니 누군가가 한 번 더 해야 하는 일, 또는 계속해서 해야 하는

---

* 1968년, 하버드대학교의 사회심리학과 교수인 로버트 로젠탈Robert Rosen-thal은 고등학생을 대상으로 타인의 기대나 관심으로 인해 능력이나 성과가 향상되는 현상을 설명하려 했습니다. 이를 로젠탈 효과Rosenthal effect라고 부릅니다.

일에 대해 '알아봐주는 것' 자체도 좋은 칭찬입니다.

대단한 성과와 성공을 두고 "우와, 잘했다", "굉장해"라고 말하는 건 칭찬보다는 찬사에 가깝지 않나 싶습니다. 다만 칭찬이든 찬사든 효과는 같습니다. 다른 사람들이 자신의 행동을 좋게 봐주면, 칭찬을 받은 사람은 그 행동을 또 하고 싶어 합니다. 타인의 행복한 표정과 호감 실린 말투가 자신에게 희열을 가져다주니까요.

칭찬도 받아본 사람이 잘 받는다 ✅

칭찬하는 게 어렵다고 하는 분들을 보면, 많은 경우 자신부터가 칭찬을 받아본 적이 별로 없다고도 합니다. 받아본 적 없는 걸 남에게 베풀기는 어렵습니다. 그러니 다른 사람을 칭찬하려면, 칭찬을 받아봐야 합니다. 만약 칭찬을 해줄 사람이 없다면 '셀프-칭찬'을 해주면 됩니다. 그래야 칭찬에 익숙해질 수 있습니다.

의외로 셀프-칭찬은 여러 면에서 유용합니다. 예를 하나 들어볼게요. 아침에 눈을 뜨고 잠에서 깼을 때, 무거운 몸을 일으켜 세우는 일과 딱히 즐겁지 않은 하루를 시작해보려는 일은 (내 기분과는 별개로)

계속되어야만 하는 일입니다. 좀처럼 일어나지 못한 다면서 나를 타박하기보다는, "그래도 일어나긴 했다"라며 나 자신의 의젓하고 장한 행동을 알아주세요. 원래 재미없고 싫은 일 하는 게 제일 힘듭니다. 그렇게 힘든 일을 해내려고 하는 자신의 기특함을 격려해주세요.

참 별것도 아닌 걸 굳이 알아줘야 하나, 시시한 행동인데 뭘 칭찬까지 하나 싶을 수도 있지만, 이런 소소한 칭찬이 쌓이다 보면 우리가 그렇게 갖고 싶어 하는 '자신감'도 늘어납니다. 남한테 받으면 더 좋긴 하겠지만, 자기에게도 얼마든지 칭찬을 할 수 있습니다. 셀프-칭찬을 반복하다 보면 칭찬 자체에 익숙해질 수도 있어요. 거창한 행동에 대한 찬사가 아닌, 계속해서 유지해야 하는 좋은 행동을 위한 칭찬입니다.

우리는 생각보다 스스로에게 인색합니다. 자기를 제대로 칭찬할 줄 모릅니다. 그래서 누군가에게 칭찬을 받았을 때도 있는 그대로 받아들이길 어려워합니다. 이런 분들이 대체로 다른 사람을 칭찬할 때도 조금 어색합니다. 이래저래 칭찬에 미숙한 거예요.

==칭찬에 미숙한 분들 중에는 자기 자신에 대한 평가 기준이 높은 분들이 많습니다.== 어쩌면 자신의 평가 기준이 높다는 사실 자체가 싫을 수도 있겠죠. '난 왜 나에 대한 기준 하나 조절하지 못하는 걸까?' 혹은 부정적인 생각으로 칭찬을 멀리하려 할 수도 있겠습니다. '기준이 높은 걸 이제 와서 어떡해? 이렇게 태어나고 길러졌는데, 뭐 어쩌라고?'

이런 경우에는, 힘들고 고통스러운 와중에도 끝까지 기대와 욕심을 포기하지 않은 자신의 대견한 모습 자체를 알아봐주세요. 그 욕심으로 멋진 성취를 이뤄낼 수도 있었고, 가지고 태어난 조건이나 역량보다 훨씬 높이 갈 수도 있었을 테니까요. 비록 남들보다 속은 더 끓이지만요. 하지만 그렇게 속을 끓이면서도 잘 참았고, 마음이 시끄러운 와중에 실질적인 성장까지 하려고 무던히 애를 썼을 겁니다. 그간 고생해온 자신을 위로해주세요.

기준이 높은 분들은 지금 한순간에는 스스로를 칭찬하고 위로하다가도, 조만간 스스로가 탐탁지 않을 때가 또 찾아올 겁니다. 그래도 '이 커다란 욕심과 기대 덕분에 내가 성장했다'라고 생각해보면, 스스로의 기준이 높아 허덕이고 괴로워하는 마음이 이전처럼 마냥 불쾌하거나 고통스럽진 않을 거예요.

덧붙이자면, 더 나은 내가 되고 싶어서 스스로를 다그치는 마음만큼, 대충 만족하는 마음과 성장을 멈추고 싶은 마음, 게을러지고 싶은 마음도 다 소중합니다. 이런 마음들이 있어야 인생의 어느 힘든 순간에 진짜 마음 편히 쉴 수 있게 됩니다. 그리고 마음 편히 쉬어야만, 다시 나를 일으켜서 뭔가 열심히 하려고 할 때도 지치지 않고 실행할 수 있어요. 계속 열심히만 살 순 없으니까요.

스스로의 소소한 노고를 치하하고, 칭찬받는 맛을 깨달아봅시다. 그러면 남에게도 소소한 칭찬을 할 수 있게 될 거예요.

사과해야 할 일이 있다면,
이것저것 따지지 말고
사과를 하면 그만입니다　　　Q

상대방과 나 모두 서로에게 잘못을 했는데,
상대방이 사과를 하지 않으면
나도 먼저 말을 꺼내기가 싫을 때가 있습니다.
하지만 설령 사과를 받지 못했다 해도,
내가 한 잘못에 대해서는 사과를 해야 합니다.

 029

자신에게 명백하게 잘못이 있는 걸 알고, 그래서 상대방에게 사과를 해야 하는 걸 알면서도 "미안하다"라는 말이 입에서 안 떨어질 때가 있습니다. 특히 제대로 된 사과를 받지 못한 상황에서는 나 혼자만 사과를 하기가 억울해지죠.

그렇다 해도 내가 해야 하는 사과는, 그냥 해버리면 그만입니다.

사과의 목적 ✔️

'사과'는 뭐고, 왜 하는 걸까요? 이 사과가 먹는 사과(apple)는 아닌 게 분명하긴 한데 말이죠.

제대로 작성된 '사과문'은 보통 ①본인이 무슨 잘못을 했는지에 대한 고백과 ②상대방이 입은 피해에 대한 진정성 있는 미안함의 표현과 ③다음에는 그러지 않겠다는 다짐을 포함하고 있습니다. 여기에서 가장 중요한 건 상대방이 입은 피해가 무엇인지 인지하고 미안함을 전달하는 부분입니다. 사과의 목적은 자신으로 인해 손해를 입고 기분이 상한 상대방의 마음을 풀어주는 겁니다. 잘못을 고백하는 것 자체는 그다지 중요하지 않습니다. 어떤 사람은 "미안하다"라는 말을 꼭 들어야만 마음이 풀린다고 합니다. 사과는 사과를 '하는 이'의 입장이 아니라 '받는 이'의 입장이 가장 중요하니까, 미안하다는 말을 꼭 들어야겠다는 사람에게는 '미안하다'라고 말해주면 됩니다.

관계를 지속할 마음이 없는 사람에게는 사과를 하고 싶지도 않고 받고 싶지도 않습니다. 하지만 관계를 유지해야 하는 사이라면, 제대로 된 사과를 주고받아 마음을 푸는 게 중요합니다. 사과는, 가장 직접적이고 기본적인 '대인관계 기술'에 가깝습니다.

사과의 요건과 방법: 사과를 제대로 하려면 ✔️

누군가의 잘못으로 손해나 상처를 받았던 경험을 떠올려보세요. 그때 상대방이 어떻게 말하고 어떻게 행동해주었다면 마음이 풀렸을 것 같은지를 상상해보면, 사과를 할 때 무엇이 필요하고 중요한지 분명하게 헤아릴 수 있습니다. 앞서 말했다시피 어떤 분들은 "미안하다"라는 말을 꼭 들어야 마음이 풀립니다. 그런데 사과하는 이가 "미안하다"라는 말을 하더라도 말투나 행동이 별로 미안해하는 것 같지 않으면, "미안하다고 하면 다야!"가 절로 나올 수도 있습니다. 이런 사과는 사람의 마음을 푸는 데 실패한 사과입니다. 반면 미안하다는 '말'을 하지 않아도 미안해하는 진심이 느껴질 땐 마음이 저절로 풀릴 수도 있습니다.

"미안하다"라는 말은 사과 과정에서 다양하게 작용합니다. "미안하다"가 사과의 '기본'인 셈입니다. 그러니 미안하다는 말을 아예 안 하는 것보다는 (설령 '영혼이 없다'는 핀잔을 듣는다 해도) 말이라도 하는 게 낫습니다. 다만 사람들은 말의 내용보다는 어투나 행동으로 타인의 진심을 알아차립니다. 미안하다고 말해놓고서 상처를 주는 행동을 반복하는 순간, "미안하다"는 또 다른 상처가 되고 맙니다.

사실 사과는 그리 어려운 게 아닙니다. 미안하다는 말 한마디 하는 게 뭐가 그리 어렵겠어요. 하지만 해본 적이 없다면 너무 어색해서 입이 떨어지지 않습니다. 그럴수록 더, 그냥 해야 합니다. 하면 됩니다. 사과를 할 때는 ①나 때문에 속상해진 상대방의 기분을 알아주고 ②내가 해줄 수 있는 최대한의 보상을 통해 상대방의 상처를 복구하려 애쓰면 됩니다. 예를 들어, 친구와 만나기로 한 약속 시간에 늦었다고 가정해볼게요.

A : 늦어서 미안.

B : 많이 기다렸지, 미안.

A와 B 둘 다 미안하다고 하지만, A는 본인이 늦었다는 사실에 초점을 맞춥니다. 반면 B는 기다린 상대방의 입장을 헤아리고 있죠.

하나 더 살펴볼까요?

C : 제가 당신을 때렸습니다. 미안합니다.

D : 제가 당신을 아프게 했습니다. 미안합니다.

자신의 잘못을 고백하는 내용의 사과와 상대방의 입장을 헤아리는 내용의 사과는, 얼핏 보기에는 비슷해 보이지만 그 차이가 분명합니다.

사과를 받는 이의 입장에서는 자신이 입은 피해나 상처가 복구되는 것이 우선입니다. 상대방이 얼마나 뚜렷한 목적과 의도를 가지고 나쁜 일을 행했는지는 별로 중요하지 않습니다. 그렇기에 사과를 하는 이는 '내가 왜 그런 행동을 할 수밖에 없었는지'를 설명하며 이해를 구하려고 해서는 안 됩니다. 별로 좋지 않은 행동이에요(사실, 최악이죠).

사과는 화해의 시작 ✅

　가끔은 미안하다는 말을 꺼내는 것도 쉽지가 않습니다. 가까운 사이일수록 그렇습니다. 복닥거리고 지내다 보면 서로 사소한 실수도 하고 잘못도 하고, 대충 이해를 해주겠거니 하고 넘어갈 때가 많거든요. "재도 딱히 사과한 적 없는데, 굳이?"라는 생각이 들면, 잘못을 하고도 그냥 넘어가는 순간이 누적됩니다. 사과를 주고받지 못한 채 마음에 앙금만 쌓이는 겁니다. 그럼 갈등의 골이 깊어질 수도 있고, 큰 싸움이나 손절로 이어질 수도 있습니다. 가장 친한 친구라 해도 예외는 없어요.

　원래 두 사람 이상이 모였을 때는 갈등이 생기기 마련입니다. 생각도 원하는 것도 다른 두 사람이 만났는데 어떻게 안 싸울 수 있겠어요? 다른 사람과 갈등이 생기는 것 자체는 전혀 문제가 아닙니다. 갈등의 골이 깊은 관계는 보통 '자주 싸워서' 그런 게 아니라 '화해를 못 해서' 그런 겁니다. 백 번 싸워도 화해를 하면 관계가 유지되지만, 한 번을 싸워도 화해를 못 하면 관계는 끝이 납니다. 그리고 화해의 시작은 '사과'입니다.

서로 싸워서 마음이 꽁할 때는, 내가 잘못했다는 걸 알아도 사과를 하기가 싫습니다. 상대방은 자기 잘못이 없다고 생각하는 것만 같고, 사과를 한다 해도 나만 죄 지은 사람이 되어 억울하게 끝날 것 같고요.

　　하지만, 다 떠나서, 내 몫의 사과는 그냥 해야 합니다. 내 몫의 사과마저 포기해버리면 나는 '해야 하는 사과를 안 하고 지나친 사람'이 됩니다. 상대방 몫의 사과까지는 생각하지 맙시다. 그건 정말로 상대방의 일이니까요. 조금 억울한 기분이 들어도 어쩌겠어요. '잘못해놓고 사과 안 하는 사람(상대방)과 똑같은 사람'이 되는 것보다야, '사과를 받지 못한다 해도 내 몫의 사과만은 할 수 있는 사람'으로 남는 게 더 현명하지 않을까 싶습니다.

내 부탁을 들어주는 사람은
나에게 좋은 사람입니다

특히, 부탁을 들어주긴 하는데
얼굴을 잔뜩 찌푸리거나 사족이 많은 사람이 은인입니다.

 030

부탁하면 들어주긴 하는데, 굳이 싫은 티를 팍팍 내는 분들이 있습니다. 부탁을 하는 사람 입장에서는 '어차피 들어줄 거면서 왜 저렇게까지 싫은 티를 내나?' 싶은 생각이 들기도 합니다. 가뜩이나 미안한 입장인데 상대방이 영 귀찮아 보이면 마음이 한층 불편하고 미안함이 배가 됩니다.

상대방이 진심에서 우러나는 호의로 부탁을 들어주길 바라는 건 아닙니다. 다만 굳이 타박을 하고 툴툴댈 필요까지 있냐는 거죠. 차라리 아무 말도 없이 들어주면 더 산뜻할 텐데요. 부탁을 하는 입장이라고 해서 마냥 굽신거리거나 상처가 되는 언행을 다 감내할 필요까지는 없잖아요.

이렇게 툴툴대는 사람 중에는 유독 가족이 많은 것 같습니다. 하지만 이런저런 나쁜 말을 하며 싫은 듯 굴다가도, 결국 다 들어주는 것도 또 가족이더라고요. 물론 너무 미운 말을 들으면 마음이 비뚤어지기도 합니다. 차라리 웃으면서 거절하는 게 더 낫겠다 싶을 때도 있죠.

그럴 때는 말보다는 행동에 사람의 진심이 더 잘 드러난다는 사실을 상기해봅시다. 상대방이 온갖 싫은 티를 내더라도 행동을 보세요. 누군가가 '어휴, 싫어!' 하면서도 내 부탁을 들어준다는 건, 별로 마음에서 우러나지도 않고 하고 싶지도 않지만 오로지 내가 부탁했기 때문에 그 일을 해준다는 뜻입니다. 이런 사람에게 불평조차 하지 말라는 요구는 조금 가혹하지 않을까요?

소중한 사람이 부탁을 해오면, 그 부탁을 들어줘서 좋은 관계를 유지하고 싶은 게 사람의 심리입니다. 하지만 시간이나 능력, 금전적인 여유가 없을 때는 부탁을 듣는 것만으로도 마음이 불편해지죠. 흔쾌히 들어주고 싶지만 상황이 좋지 못해 '흔쾌히'가 불가능할 때도 있고, 의무감이 지나치게 앞서는 바람에 '무리를 해서라도 들어줘야겠다'라는 생각부터 들 때도 있습니다. 이렇게 불편한 마음을 굳이 표현해야 직성이 풀리는 사람도 있는 거고요.

누군가의 부탁을 무시하지 않고 들어주려 하는 행동의 기저에는 상대방을 위하고 관계를 위하는 마음이 있습니다. 특히 싫어하는 종류의 부탁이라면 말 그대로 '억지로' 들어주게 되는데, 하기 싫은 행동을 하면서 티조차 내지 않는 건 쉽지가 않습니다. 아무리 애써봐야 경직되고 어색한 미소를 보이는 게 최선입니다.

내키지 않는 부탁을 들어준다는 건 온전히 타인을 위한 행동이거나 관계를 위한 희생입니다. 그러니, 투덜거리면서도 결국 내 부탁을 들어주는 사람이 나의 은인인 셈입니다. 그 과정에서 상대방의 말과 표정으로 상처를 입는다고 해도 (정말, 기왕 들어주는 거 말도 좀 예쁘게 해주면 좋겠지만!) 어쨌거나 상대방으로부터 도움을 받았다면 고마운 일입니다.

마지막으로, 부탁을 하는 사람의 불편한 입장이 헤아려진다면, 내가 부탁을 받는 입장이 되었을 땐 싫은 티를 너무 많이 내지 말고 담백하게 들어주도록 노력해봅시다.

누군가의 희생과 양보를 받았다면,
고마운 마음이 들어야 합니다

희생과 양보, 도움을 받아도 감사가 우러나지 않는다면,
내 마음에 뭔가 문제가 있는 겁니다.

 031

가족처럼 아주 가깝고 친밀한 관계의 사람들이라고 해도, 그들에게 자신의 시간과 마음을 쓰려면 희생하고 헌신하는 마음이 필요합니다. 희생과 헌신을 받는 입장에서는 그걸 '익숙하고 당연한 것'으로 여기지 않아야 합니다. 다른 사람으로부터 양보와 배려를 받는다는 사실을 알면 고마운 마음이 들어야 마땅합니다.

가끔 다른 가족들이 서로를 대하는 모습이나 주고받는 선물들을 구경하다 보면, 내가 내 가족에게 받는 것들은 너무 당연하거나 약소해 보일 때가 있습니다. 또는 가족으로부터 '좋은 것'만큼이나 '나쁜 것'도 많이 받는다고 생각해서 좋은 것들이 그다지 고맙게 여겨지지 않을 수도 있고요. 하지만 그게 과연 건강한 감정일까요?

지금, 가까운 사람들의 배려와 양보를 받아도 그게 어떤 가치가 있는 건지 잘 모르겠고 고마운 마음이 좀처럼 들지 않는다면 내 마음을 검토해봐야 합니다. 타인에 대한 기대가 너무 높은 건 아닌지, 또 내가 타인에게 품는 기대가 현실에서 이루어질 수 있을 만한 것인지도요. 무엇보다 필요한 것은 자기 자신과 타인에 대한 관대함을 가지는 겁니다.

　반대로 이 대목을 읽으며 왠지 모르게 억울해지고 피해자가 된 것 같은 느낌이 든다면 지금까지 해왔던 자신의 선택을 점검해보세요. 마음에서 우러나지 않는 희생과 양보를 (당)하고 있지는 않나요?

　여러분은 피해자일 수도 있고 아닐 수도 있습니다. 이건 상당히 어려운 문제입니다. 만약 강제적인 상황에 놓여있거나 거절하기 힘든 강요를 받아 희생하는 포지션을 떠맡고 있다면, 본인의 의지만으로는 현재 상황에서 벗어나기 어려우므로 주위의 도움을 꼭 받아야 합니다. 하지만 원치 않는 양보와 희생을 선택한 이유가 단순히 '혼나는 게 싫어서' 또는 '관계에 갈등이 생기는 게 싫어서'라면 다른 해결책을 찾아야 합니다. 이런 경우에는 혼나는 걸 싫어하고 갈등을 힘들어하는 본인의 마음부터 잘 달래주세요. 그리고 조금씩 용기를 내어, 마음을 나눌 수 있는 누군가에게 손을 뻗어보세요.

7장

각별한 관계는
각별한 만큼
어렵기도 하다

우리를 밑바닥까지 끌어내리는 사람 중 으뜸은 가족입니다

옆에 없으면 그립고, 옆에 있으면 귀찮은 게 가족입니다.
가족과 함께 있으면 괜히 짜증이 나고 혼자 있고 싶어지죠.
중요한 건,
여러분도 누군가에게는 그런 가족이라는 사실입니다.

 032

평범한 가족의 모습을 상상해보세요. 혹시 이런 모습이 떠오르지 않나요?

일을 하러 나갈 것 같은 단정한 차림의 아빠, 가족에게 뭔가를 제공하고 있는 깔끔한 차림의 엄마, 밝은 햇살이 비출 것 같은 집, 남자아이와 여자아이가 까르르 웃으면서 놀거나 간식을 먹고 있는, 왠지 아련한 장면 말이에요.

'평범한 가족'을 떠올려보라고 하면, 열에 아홉은 이런 장면을 생각합니다. 하지만 일하는 아빠와 전업주부 엄마, 단정한 아들과 해맑은 딸로 구성되지 않은 가족도 많습니다. 당장 구성만 봐도 그렇습니다. 자식들이 남매인 집도 있지만, 자매이거나 형제이거나 외동인 집도 아주 많잖아요. 아버지가 외벌이를 하는 집도 생각보다 드물고요. 이런저런 이유로 부모님 중 한 분과만 생활하는 경우도 있고 조부모님과 함께 지내는 경우도 매우 많습니다.

앞서 상상했던 그림 같은 가족을 '평범'하다고 전제하면, '평범'에서 이탈한 우리 집은 평범하지 않은 집이 됩니다. 때로는 평범하지 않으니 문제가 있다거나 부족한 가족이라는 (잘못된) 생각이 들기도 하고요.

그런데, 딱히 평범하지도 않은 '일하는 아빠/전

업주부 엄마/단정한 아들/해맑은 딸'로 구성된 이 가족의 이미지는 대체 어디서 온 걸까요?

정상가족 신화는 광고로부터 ✅

'정상가족 신화'라는 표현이 있습니다. 신화라니, 아무래도 '평범한 가족'에 대해 미심쩍은 생각을 가진 사람이 저뿐만은 아닌 모양입니다. 저는 조승연 작가님의 유튜브 채널을 보다 이 정상가족 이미지의 기원에 대한 좋은 설명을 찾았습니다.[9]

제2차 세계대전이 끝난 후, 군수물자를 만들던 미국의 공장들은 수요가 사라진 군수물자 대신 자동차나 대형 가전을 만들기 시작했다고 합니다. 그리고 그런 고가의 물품들은 어느 정도 구매력이 있는 부유한 가정에서 많이 팔렸고요. 즉, '그림 같은 4인 가족'은 비싼 물건을 구매할 수 있는 고객층의 모습이었던 겁니다.

생각해보면, 화기애애한 분위기의 4인 가족이 나오는 광고는 대부분 비싸고 좋은 물품, 가구나 가전을 홍보하려는 목적입니다. 물품을 구매할 만한 여력이 없는 사람들은 아예 논외로 두는 셈이죠. 어쨌거나 광고는 반복적으로 노출되면서, 대중의 마음을 움직여 소비를 촉진합니다. 어쩌면 우리는 그런 광고를 보고 자랐기 때문에 자연히 '정상가족은 저런 모습이구나'라는 생각을 가지게 되었는지도 모릅니다.

광고 속의 싱그럽고 따뜻한 가족과 현실의 내 가족을 비교하면, 내 가족은 여러 면에서 비루해 보일 수도 있을 겁니다. 하지만 광고는 광고일 뿐입니다. 과장된 이미지를 통해 물건을 파는 게 광고의 목적이고요. 광고 속의 과장된 가족을 '평범'의 기준으로 삼아버리면, 지극히 평범하고 그럭저럭 괜찮은 내 가족이 부끄러워지고, 그런 가족의 구성원이라는 게 싫어질 수도 있어요. 내가 속해있는 나의 가족을 제대로 보려면, '평범한' 가족에 대한 '현실적인' 기준을 다시 세워야 합니다.

가족과의 시간이 고통스러운 우리는 아주 평범한 사람 ✅

사람들은 명절을 좋아합니다. 이유는 간단합니다. 연휴니까요. 학교나 직장에 나가지 않고 며칠을 쉴 수 있으니 신이 날 수밖에요.

다르게 말하면, 우리가 명절을 손꼽아 기다리는 이유는 '오랜만에 가족을 만나기 때문'이 아니라는 겁니다. 오히려 명절에 가족이나 친척이 모이면 서로

얼굴을 붉히고 싸우거나 은근히 감정이 상하는 일을 많이 겪습니다. 명절에 일어난 가족 간 폭력 사건을 다루는 뉴스도 매년 보이죠. 명절에 가족들 만나는 것 자체가 스트레스라고, 며칠 전부터 소화가 안 된다는 분들도 많습니다. 그러니 만약 '명절'이라는 단어를 보자마자 기분이 상하거나 마음이 왠지 불편해졌다면, 여러분은 참 평범한 한국 사람입니다.

조금이라도 귀가를 늦추려고 퇴근길에 아파트 계단에 앉아 인터넷 뉴스를 보거나 퍼즐 게임을 하는 사람도 있습니다. 화장실에 갈 때마다 스마트폰을 들고 들어가 몇십 분을 안 나오는 바람에 다른 가족의 원성을 듣는 사람도 있습니다(이걸 '화캉스'라고도 부르죠). 왜 화장실에서 그렇게 오래 있냐고 물으면, 그 시간이 유일하게 혼자 있을 수 있는 시간이라 그렇다는 대답이 돌아옵니다.

그래요. 가족은 눈에 안 보일 때 가장 그립고, 안부가 궁금해지는 존재입니다. 가끔 멀리 사는 가족과 통화를 하면 행복하기도 합니다. 하지만 정작 함께 있을 때는……. 아무래도 조금 힘이 듭니다. 역시 혼자 있는 게 제일 좋은 것 같다는 생각이 절로 듭니다.

우리는 서로의 가족, 그래서 상처도 주게 된다 ✅

지금까지 살펴봤듯, 가족은 정말 특별하고 다층적입니다. 사랑하지만 동시에 귀찮고, 세상 소중한 것 같다가도 다른 가족이나 광고 속의 이미지와 자꾸만 비교하게 되고, 매번 싸우면서도 명절마다 붙어있으려 하는 별난 그룹이죠.

그러니 우리가 가족에게 거는 기대도 특별할 수밖에 없습니다. 힘들다는 말을 하지 않아도, 쉬고 싶다는 말을 하지 않아도 어련히 알아서 배려해주겠지 싶은 생각이 드는 건 아마 가족에게뿐일 겁니다. 가족이 내 쉼터가 되어주기를 기대하는 대신 내가 가족의 쉼터가 되어주겠다는 마음을 먹는 일도 쉽지 않아요. '가족이니까' 당연히 받아주고 이해해줄 거라는 생각으로 투정도 부리고 무례하게 굴기도 합니다. 마음이 힘들고 사는 게 고달프면 가족이 먼저 떠오르지만, 외려 그럴 때일수록 가족들에게 치명적인 상처를 받기도 합니다.

다만 나도 누군가에게는 가족입니다. 사랑하는 동시에 귀찮은 존재, 붙어있으면서도 매번 싸우는 존재. 나의 가족이 힘들고 약해졌을 때, 나도 그에게 치명적인 상처를 줄 수 있습니다.

가족은 나를 위해 존재하지 않습니다 　　　Q

그 누구도 나를 '위해' 존재하지 않습니다.
모두 각자의 삶이 있으니까요.
그러니 나 또한 누군가를 '위해' 존재하는 사람이
아니라는 사실을 기억해야 합니다.

 033

특별한 관계이긴 해도 가족의 근본은 재생산입니다. '재생산'이란 단어와 묶어서 이야기하니, 고고한 인간이 꾸린 가족이란 그룹이 마치 동물적인 관계처럼 느껴지네요. 맞습니다. 인간도 동물입니다. 우리(호모 사피엔스)도 다른 종처럼 존재를 유지하고 확장하려는 특징이 있어요.

생물적으로 따지면, 가족끼리 굳이 사이가 좋지 않아도 재생산에 성공한 순간 이미 그 가족은 기본적인 목적을 달성한 겁니다. (서로 친밀하고 화목하다면, 생명을 안전하게 유지하는 데 한층 기능적이긴 하겠습니다. 아픈 사람이 생겼을 때 식구끼리 다정하게 챙겨줄 수 있으니까요!) 그러니 '나의 가족'에 대해 생각하고 평가할 때, '관계'나 '서운했던 점'에 너무 치중할 필요는 없습니다. 재생산과 생존이라는 기본적인 역할에 초점을 맞춰서 바라보면 가족이 딱히 그림처럼 화목하지 않더라도 상관없겠다는 편한 마음이 듭니다. 가족 때문에 느껴지는 불만이나 억울한 마음도 줄어들어요.

기능적인 이야기를 더 해볼까요? 부모가 자식을 양육하며 이뤄내야 하는 최후의 목표는 독자 생존, 즉 자식의 완전한 독립입니다. 우리 인간은 다른 동물에 비해 '아기' 시절이 상당히 깁니다. 발달 초기에는 전적으로 돌봄을 받아야만 생존이 가능할 정도인데, 그 기간이 무척 기나길죠. 아기에 대한 특별한 사랑과 헌신이 없다면, 이 기간에 무조건적인 돌봄을 제공하는 건 상당히 힘든 일입니다. 먹여주고, 재워주고, 씻겨주고…….

아기가 자라 어린이가 되면 양육자는 혼자 먹고 입고 씻고 청소할 수 있도록 여러 기술을 가르칩니다. 어른이 되어 사회의 구성원으로 살아갈 수 있도록 교육도 제공합니다. 우리나라에서는 학령기의 아동을 학교에 보내지 않거나 적합한 교육을 진행하지 않으면 방임으로 보고, 아동학대로 간주합니다.

이 모든 과정에서 자애로운 따뜻함과 무조건적인 희생에 가까운 애정은 옵션입니다. 필수가 아니라는 의미입니다. 부모가 자식에게 꼭 제공해야 하는 요소 중에서 애정의 순위는 낮습니다. 돌봄과 교육의 우선순위가 훨씬 높습니다. 물론 애정이나 사랑이 풍부하면 양육 과정의 고달픔이 조금 덜할 수는 있어요. 서로가 참을 만해지고, 가족을 꾸려가는 일이 한

충 아름다워지죠.

사실 돌봄과 교육을 제공하는 건 애정이 없으면 불가능에 가까울 정도로 어렵기에, 양육은 결국 사랑을 전제로 이뤄지는 일입니다. 다만 우리는 결국 각자의 삶을 살아야 합니다. 자애로운 따뜻함과 무조건적인 희생을 영영 제공하거나 영영 제공받기를 기대하며 가족의 울타리에 머무르는 건 건강하지 못한 모습입니다.

부모는 자녀를 위해 존재하는 사람들이 아닙니다. 부모도 개인으로서의 삶이 있고, 가족은 개인의 삶의 일부에 불과합니다. 자식도 마찬가지입니다. 부모를 위해 살지 않습니다. 양육에 대한 감사와 어느 정도의 보은은 할 수 있겠지만, 결국 모두 자신만의 삶을 살아야 합니다. 누군가를 '위한' 삶이 아니라요.

친구는
공짜로 만들어지는 관계가 아닙니다

'친구'는 원래 사귀는 것부터
관계를 유지하는 모든 과정에까지 돈과 시간,
마음 씀씀이 등의 품이 드는 관계입니다.

 034

친구는 놀이와 경쟁을 통해 개개인을 발전시키거나 재충전의 기회를 제공하는 소중한 존재입니다. 요즘에는 (주로 온라인을 통해) 나이를 뛰어넘는 우정도 이뤄지곤 하지만, 기본적으로 친구 관계는 또래에서 형성됩니다. '친구'가 없으면 심심한 것뿐만 아니라, 근본적으로 외롭고 살아가기가 어려워집니다.

그런 의미에서 "노는 게 제일 좋아, 친구들 모여라"라는 노래 가사에는 인생의 진리가 담겨있습니다. 놀 때 더 재밌으려면 친구가 필요하잖아요. 친구랑 함께하는 게 혼자 노는 것보다 훨씬 재밌고, 마음을 충만하게 해줍니다. 온라인 게임을 할 때 AI와 대결하는 것보다 나와 같은 인간 플레이어와 싸워서 이기는 쪽이 더 짜릿한 것처럼요. 그 '인간'이 친구라면 더 좋고요.

친구와 어울리는 일에는 재미보다 더 많은 이점이 있습니다. 다양한 사회 기술을 연습할 수도 있고, 경쟁을 통해 지식과 기술을 빠르게 성장시킬 수 있습니다. 친구는 언제 어디에서 어떻게 사귀었든, (세대 차이가 나는 가족과는 달리 또래라는 점에서) 가족보다 통하는 게 많을 수밖에 없는 특별한 공동체입니다.

다만 성인이 된 이후에 사귄 친구는 초·중·고등학교 시절에 사귀었던 친구와는 좀 다른 느낌입니다. 아무래도 초·중·고등학교 때부터 만나왔던 친구가 더 친근하고, '친구'의 의미에 더 가깝다는 생각이 들죠.

고등학교를 졸업한 뒤로 새로운 친구를 사귀려면, 학창 시절에 비해 연락을 적극적으로 해야 합니다. 친구가 되려는 것뿐인데 돈을 써야 만남이 성사되기도 합니다. 친해지기 위해 나에 대해 구구절절 설명을 해야 하고, 상대방에 대해서도 이것저것 물어보고 들어줘야 합니다. 뿐만 아닙니다. 관계를 유지하려면 더 깍듯해야 하고 말투나 행동도 조심해야 해요. 어릴 때 만난 친구들 앞에선 그렇게까지 조심할 필요가 없는데 말이죠. 이렇게 보니, 어른이 되고 나서 친구를 만드는 일은 왠지 계산적이고 인위적인 것처럼 느껴집니다.

하지만 어쩌면 우리의 생각과는 반대일 수도 있습니다. 적어도 친구를 사귀는 일에 있어서는 학창 시절이 특별한 환경이라는 뜻입니다.

학창 시절은 품을 적게 들여도 곧잘 친구를 사귈 수 있는 유일한 기간입니다. 같은 학교에 모여있는 학생들은 생활이 대체로 비슷합니다. 소위 말하는 빈부 격차니 가정환경이니 하는 면에서 차이가 있긴 하지만, 일어나는 시간, 학교에 머무르는 시간이 거의 동일합니다. 학교에서 만날 수 있는 친구는 고만고만하고, 배우는 선생님도 같습니다. 일부러 속속들이 물어보지 않아도 동기화처럼 서로를 알게 되는 기간입니다.

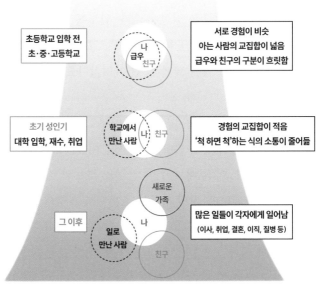

친구 관계의 자연스러운 변화 과정

이처럼 초·중·고등학교는 일정한 공간에 일정 시간 또래를 모아두고 정해진 교육을 제공하는 시스템으로, 새삼스레 생각해보면 아주 특수한 공간입니다. 이런 특수한 시절에 만난 친구를 '친구다움'의 기준으로 삼아버리면 성인이 되어 사귄 친구는 당연히 '진짜 친구'가 아닌 것처럼 느껴지겠죠.

성인이 되어 새로 사귄 친구도 어쩌면 '진짜 친구'의 다른 모습이지 않을까 싶습니다. 학창 시절과 초·중·고등학교는 일종의 연습 공간인 겁니다. 사는 동안 계속 친구를 만들어갈 수 있도록, 인간관계를 연습할 기회를 제공하는 곳이요. 그렇다 해서 연습 공간 바깥이 '가짜 세계'인 건 아니잖아요.

나이를 먹으면 먹을수록, 아무리 친한 사이라고 해도 타인과 공유했던(하는) 시간이 적어질 수밖에 없습니다. 어릴 때는 주변 친구들 모두와 비슷한 경험을 합니다. 하지만 시간이 흐를수록 경험의 교집합은 적어지죠. 그렇기에 성인이 되어 누군가와 친해지려면, 내가 모르는 상대방의 경험, 내가 모르는 상대방의 시간에 대해서 일부러 물어봐야 합니다. 상대방이 모르는 나의 경험과 시간에 대해서도 설명해줘야 하고요. 누군가에게는 귀찮고 구차한 일일 수도 있겠지만, 긍정적으로 생각하면 다양한 친구들과 다양한 이야기를 나눌 수 있는 하나의 방법이기도 합니다. 어차피 '옛날 추억 이야기'는 학창 시절 친구들과 늘 나누는 거잖아요.

　　나의 요즘 생활에 대해 이야기할 수 있는 친구도 좋고, 예전의 시간을 추억할 수 있는 오래된 친구도 좋고. 어찌 되었든 즐겁게 만날 수 있는 친구가 한 명이라도 있다는 건 참 다행인 일입니다.

친구같이 편한 사람은
함부로 해도 되는 사람이 아닙니다   🔍

'친구같이 편한 사이'는
내가 어떤 모습으로 있어도,
어떤 행동을 해도 괜찮은,
그런 사이를 의미하는 게 아닙니다.

 035

친구라고 해도 서로에 대한 존중과 이해가 필요합니다. 아무리 친해도, 아무리 오래 만났다고 해도, 그러면서 볼꼴 못 볼 꼴 다 본 사이라고 해도, 서로 예의를 갖추고 배려해야 합니다.

물론 친구와 있을 때는 긴장감을 내려놓아도 되고, 무방비하게 편한 상태로 있어도 괜찮습니다. 하지만 그게 기본적인 존중까지 놓아버려도 된다는 말은 아닙니다. 가장 친한 친구라도 막말하는 모습을 자주 보이면 책이 잡힐 수도 있고, 상대방을 위한 따끔한 조언도 너무 거칠게 하면 상처가 됩니다.

저는 친한 친구와 손절을 경험한 사람들의 이야기를 자주 듣습니다. 친구의 무례하고 무심한 언행에 상처를 받았다는 말이 많았습니다. 의외의 손절 이유도 꽤 있습니다. 친구가 너무 인색하게 굴어서 실망을 느끼고 친구 관계를 끝냈다는 겁니다.

그러니 편안한 관계를 오래오래 유지하고 싶은 친구가 있다면, 나와 함께 편안한 관계를 유지해주는 그 친구에게 감사하며 친구의 안녕에도 진심으로 관심을 가져보세요. 또 무엇보다, 그 친구에겐 돈을 아끼지 말아야겠습니다.

3부

삶에 충실하게
임하는 법

• • •

어떻게든 해볼 수 있는 일이 있고, 어떻게 해도 안 되는 일이 있다.

이 두 가지를 구분하고, 어떻게든 해볼 수 있는 일에

나의 소중한 시간과 노력을 써야 한다.

8장

인간으로
살다 보면,

불행이 인생의 기본값입니다

누구도 완전히 행복할 수는 없고,
웃는 얼굴 뒤로 기구한 사연 한두 개 정도는
다들 가지고 있다는 거, 모르지 않죠?
그럼에도 어느 순간 나를 웃게 해주는 누군가가 있다면
참 다행인 일입니다.

 036

어느 날 공중화장실에서 "욕심을 버리면 행복해집니다"라는 글을 봤습니다. 그런 거 있잖아요, 화장실 칸 안에 좋은 문장 몇 줄 적혀있는 거. 짧은 글귀 아래에 위대한 철학자의 이름이 함께 써있었는데, 누구였는지는 기억이 나지 않지만 저 글만은 인상적이었습니다.

| "그렇지, 욕심을 버리면 행복해지긴 하겠지."

하지만 '사람은 욕심을 버릴 수 없는데'라는 생각도 이어졌습니다.

욕심 때문에 속이 시끄럽고 불행한 상태에 빠진다는 말은 맞습니다. 딱히 욕심을 내지 않으면, 나 자신과 나의 삶에 그럭저럭 만족하며 살아갈 수 있으니까요. 욕심이 '불행'의 원천인 건 분명합니다. 욕심과 번뇌를 연결하는 건 종교의 중요한 주제이기도 하고요.

하지만 욕심은 마냥 나쁜 게 아닙니다. 욕심을 전부 없애면 행복할 수 있을지는 모르겠지만, 욕심을 내지 않으면 발전할 수도 없습니다. 더 나아지고 싶고 더 많이 갖고 싶다는 단순한 열망, 그 욕심 덕에 인간은 더 나은 사람이 되기도 하고 성공을 이루기도 합니다. 한낱 인간에 불과한 우리는 욕심을 완전히 버릴 수가 없습니다. 그러니, 욕심을 버릴 수 없는 인간에게 불행은 인생의 기본값default입니다.

행복은 추구하는 것
행복에 머무를 수는 없다 ✅

"불행이 인생의 기본값"이라는 말은, 일상에서 불행한 상태에 머무르는 게 당연하다는 의미입니다. 이렇게 생각하니 우울하긴 합니다. 하지만 애초에 불행이 우리의 기본값이라면, 소소하게 웃을 일이 하나라도 있었던 날은 꽤나 운이 좋은 하루였던 거네요.

억지스럽게 느껴질 수도 있겠습니다. 하지만 우리는 욕심을 버릴 수가 없어서, 결국 자기 자신과 다른 사람에게 매일 좌절하고 실망할 수밖에 없습니다. 그러니 오늘 하루 나를 웃게 해주는 사람이 있었다면 그것만으로도 참 다행인 겁니다.

나를 웃게 해준 그 사람에게 "네 덕분에 웃었어"라고 말해주면 어떨까 싶습니다. 불행을 없앨 수는 없지만, 우리는 서로에게 재밌고 좋은 기억을 남겨줄 수는 있습니다. 그렇게 좋은 기억이 많이 남겨진 시절을 가리켜 '행복했다'라고 회상하기도 합니다.

뇌과학 측면에서, 인간은 행복을 추구하도록 만들어지긴 했지만 행복에 머무르도록 설계되지는 않았다고 합니다. 심지어 뇌에서 고통과 쾌락을 담당하는 중추는 같은 곳인데, 뇌는 일정한 상태가 유지되어야 하기 때문에 강렬하게 긍정적인 감정을 경험하면 그 뒤에는 그만큼 강렬하게 고통스러운 감정을 경험해서 균형을 맞춘다고 해요.[10]

행복한 순간에 머무르고 싶고, 불행을 겪고 싶지 않다는 마음도 지극히 인간적인 마음입니다. 하지만 야속하게도 인간은 만족스럽고 행복한 상태에 머무르기보다는 자신의 마음을 볶아대면서 발전을 추구하도록 설계된 모양입니다. 지금 마냥 행복하지 않고, 소소한 불만이 있고, 불행하다고 느낀다면 여러분은 '지극히 인간적'인 겁니다. 이루고 싶은 게 많은, 발전을 추구하는 인간이기에 당연한 겁니다.

행복은 일상에서 순간순간 느끼는 것
인생의 목표가 될 수는 없다 ✅
많은 사람이 '행복'을 삶의 목표로 여기지만, 행

복은 인생의 목적지나 종착역이 될 수 없습니다. 일각에서는 이렇게까지 사람들이 '행복'을 목표로 삼게 된 건 행복이 산업화되었기 때문이라 주장하기도 합니다. 문제는, 행복을 인생의 목표로 삼으면 본인이 행복하지 않다는 현실 때문에 더 좌절하게 된다는 겁니다.[11] 그래서 간절하게 행복을 원하는 사람일수록 더 불행해지는 것이 행복의 역설이기도 합니다.[*]

이쯤 되면 '정녕 행복해질 수 없나?', '행복하게 사는 게 어려운 건가?' 하는 생각도 듭니다. 하지만 사실 행복은 멀리 있지 않고 늘 우리 곁에 소소하게 존재합니다. 우리 집 새장에 있는 비둘기가 오래도록 찾아 헤매던 파랑새였더라는 아름다운 동화[12]와 비슷한 내용의 콘텐츠가 유구하게 만들어지고 소비되는 것만 봐도 그렇습니다. 어쩌면 어렴풋이 다들 느끼는 게 아닐까 싶어요. 행복할 만한 일은 일상에 존재하고, 그걸 각자 알아서 주워 담아야 한다는 걸요.

～～～～

[*]   행복의 역설Paradox of Happiness은 행복이 오히려 인간의 삶에 부정적인 영향을 미칠 수 있다는 이론입니다. 행복이 인간의 건강, 수명, 사회적 관계, 생산성 등에 미치는 영향을 연구한 결과에 따르면, 행복도가 높은 사람들이 오히려 건강 문제, 우울증, 자살률, 사회적 갈등, 생산성 저하 등의 문제를 겪을 가능성이 높습니다.

행복이라는 감정 자체도 원래 그렇습니다. 실체가 분명하지 않고, 늘 가까이 있지만 뚜렷하게 '행복'이라고 명명하기는 어렵습니다. 사람에게 오래 머무르지도 않고요.

그러니 덜 불행해지고 싶다면 욕심을 잘 관리해야 합니다. 욕심을 부릴 때와 대충 만족해야 할 때를 가려야 합니다. 찰나 같은 행복을 조금 더 만끽하고 싶다면, 소소한 일상에서 재미와 즐거움, 만족, 다행한 기분, 감사를 누리기 위해 억지스러운 노력을 해봅시다. 모호한 행복을 그나마 명료화하는 상태에 머무를 수 있도록, '오늘은 좀 괜찮았어' 혹은 '그땐 좀 행복했네!'라고 회상할 수 있는 날이 되도록 말이에요.

사람은 평생에 걸쳐
세 종류의 갈등을 경험합니다

살아가는 동안 우리는 다양한 갈등을 경험하고,
갈등하는 이유와 내용은 사람마다, 상황마다 다릅니다.
하지만 모든 갈등은 '내적인 갈등', '생애주기에 따른 갈등',
'시대적인 갈등'이라는 세 가지 카테고리에 포함됩니다.

 037

① 내적인 갈등 ✅

"할 일이 많은데 몸이 안 움직여."

"열심히 사는데 왜 보람이 없고 공허한 거지?"

"생각을 그만하고 싶어!"

"나를 좀 더 이해하고 싶어."

"너무 불안하고 외로워."

"자신감이 생겼으면 좋겠어."

위의 문장들은 얼핏 다른 내용들로 읽히지만, 공통점이 하나 있습니다. 자신의 몸이나 감정, 행동이나 결정인데도 생각처럼 잘 움직일 수 없고 이해가 되지도 않아서 곤란하다는 점입니다. 이런 고통을 겪는 사람들은 자기 내면의 서로 다른 부분들이 갈등하는 상태에 놓인 겁니다. 즉, 한 사람의 내면에 서로 다른 의견이 공존하는 '내적 갈등' 상황입니다.

분명히 '나'인데도 잘 모르겠고, 내 마음이 '하나의 통일된 마음'이 아닌 것 같으면 불편한 기분이 듭니다. 세상일이야 원래 마음 같지 않은 법이지만, 스스로의 생각과 감정까지 온전히 이해할 수 없다는 건 왠지 커다란 문제인 듯 느껴집니다. 하지만 이러한 내적 갈등 상태는 지극히 평범하고 심지어 건강한 상태입니다. 물론 사람마다 처한 상황, 성격, 능력이 다 판이하기에 갈등 주제와 종류, 강도는 다를 수 있겠지만요.

우리의 내적 갈등 주제에는, 소소하게는 '유익한 활동을 할까? 아니면 쓸데없고 재밌는 일이나 좀 해볼까?' 같은 고민이 포함됩니다. '의무와 책임, 역할을 우선해야 하나? 아니면 내가 원하는 대로 나답게 살아봐야 하나?', '원하는 걸 이루기 위해 더 애를 쓸까? 아니면 현실과 타협할까?' 등의 거창한 주제도 있습니다. 이 갈등을 잘 조절하고 통합하고 해결하는 건, 지극히 개인적인 숙제입니다. 스스로의 판단력과 선택으로 나와의 갈등 상황을 헤쳐 나가야 합니다.

② 생애주기에 따른 갈등 ✔

포유류는 대부분 독자 생존이 불가능한 상태로 태어납니다. 인간도 마찬가지예요. 어느 시기까지는 양육자의 돌봄과 교육이 필수적입니다. 하지만 적당히 성장해서 미성년 시기를 떠나보낸 후에는 돌봄을 받는 게 편하지만은 않게 됩니다. 그때부터는 독립의 시간입니다. 일을 하고 사람들을 만나면서 바쁘게 지내죠. 그러다 나이가 더 들면 가까운 사람들과만 함

께 있거나 혼자 있는 시간이 길어지고, 다시 돌봄을
받아야 하는 날이 옵니다. 이러한 생애주기에 따라
그때그때 어떤 관계를 맺고 뭘 해야 하는지는 어느
정도 정해져 있는데, 이를 '발달과업'이라 부르기도
합니다.[13]

어릴 때는 생활 전반에서 전적으로 어른의 돌봄
을 받습니다. 이 시기의 아이에게 부모님과 가족은
세상에서 가장 중요한 사람입니다. 그래서 어린이 시
기의 주된 갈등도 여기에 맞춰져 있습니다. '시키는
대로 해서 칭찬받고 싶다'와 '내 맘대로 하고 싶다'의
대결이죠.

좀 더 커서 청소년기가 되면 혼자 할 수 있는 게
많아지고, 또래 관계가 중요해집니다. 가족들과 사이
가 좋다고 해도 학업이나 취미, 또래 관계가 불만스
러우면 스트레스를 느낍니다. 가족과의 관계가 소원
해지기도 해요. 또래 친구들의 문화와 부모님 세대의
문화 차이(세대 차이)는 흔히 부모-자녀 간 갈등으로
번지기 쉽거든요. 게다가 이 시기엔 성호르몬 폭탄이
쏟아지므로 정서적으로 불안정한 상태가 됩니다.

호르몬은 기분 변화에 직접적인 영향을 미칩니
다. 그래서 청소년기에는 아주 다양한 갈등을 겪게

되는데, 그중에서도 '부모-자녀 관계 갈등'은 절대 피할 수 없는 갈등입니다. 청소년 자녀는 부모와 싸우는 게 당연합니다. 청소년 시기에 부모님이 밉고 부모님과의 관계가 짜증스러웠다면, 그건 다분히 정상적이고 평범한 관계였을 겁니다. 부모님의 마음을 어느 정도 이해하고 용서할 수 있을 때쯤이면 부모님은 노인이 되고, 어린이였던 자녀는 청년이 됩니다.

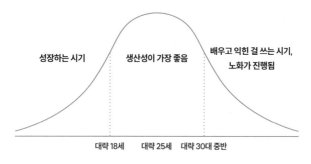

성장하는 시기　　　생산성이 가장 좋음　　　배우고 익힌 걸 쓰는 시기,
노화가 진행됨

대략 18세　　대략 25세　　대략 30대 중반

돌봄으로 시작해 돌봄으로 끝나는 게 우리의 일생

어른이 된 후로 우리는 성공을 위해 살아갈지, 재미를 위해 살아갈지, 능력에 맞춰 살아갈지를 고민하고, 점점 노화하는 몸 때문에 다양한 스트레스를 경험합니다. 이렇게 어린이에서 성인으로 그리고 노인으로 변해가는 동안 겪는 갈등이 '생애주기에 따른

갈등'입니다. 보살핌으로 성장하고 자신의 삶을 살다가 다시 보살핌을 받는 과정에서 당연하게 맞닥뜨리는 갈등입니다. 이런 갈등은 '내가 하필 나라서' 겪는 어려움이 아닙니다. 그냥 사람으로 태어나 나이를 먹다 보니, 그걸 고민해야 하는 나이가 되었기에 마주치는 문제입니다.

③ 시대적인 갈등 ✅

스마트폰이 완전히 대중화된 이후, 스마트폰 중독 등의 미디어 중독 문제는 사회적인 이슈로 떠올랐습니다. 이제는 대중교통을 이용하든, 거리를 걷든, 어디를 가든 스마트폰을 보지 않고 다니는 사람을 찾기 힘들 지경입니다. 집중력이 점점 나빠지는 현상과 과소비를 미덕으로 삼는 풍조가 개인의 삶에 어떤 영향을 미치는지에 관해 연구한 책들도 베스트셀러에 꾸준히 오릅니다.

요즘에는 소비를 주저하게 된다는 말도 심심찮게 들립니다. 배달 음식을 시켜 먹거나 플라스틱 컵에 담긴 커피를 마실 때도 죄책감이 들어 쓰레기를 최소화하려 애쓰는 사람이 많습니다. 기후 문제는 갈수록 심각해지고 있고, 물가가 가파르게 오르는 것도 체감이 됩니다. 물건을 소비하면서 느끼는 죄책감의 정도는 각자 다르겠지만, 이 시대를 살아가는 우리가 이런 문제들로부터 완전히 자유로울 수는 없을 것 같습니다.

이렇듯 같은 시기에 태어나 살아가는 사람들은 비슷한 사회적 문제로 고민하거나 갈등을 겪습니다. '편리함을 누릴 것인가? 지구를 위해 불편을 감수할 것인가?'와 같은 갈등은, 우리가 이 시대에 태어났기 때문에 다 같이 풀어야 할 숙제입니다.

사람은 평생 하루에도 몇 번씩 여러 갈등과 마주합니다. 지금 여러분의 마음이 시끄럽다면 앞서 소개한 세 유형 중 하나의 갈등을 겪는 중일 겁니다. 어떤 갈등은 쉽게 해결되지만, 어떤 갈등은 해결되기까지 오래 걸리고 내내 고통이 따릅니다. 다만 자신의 갈등을 현미경으로 들여다보듯 매몰되지 마세요. 해결책을 떠올리기가 더 어려워집니다. '내가 부족해서', '나한테 문제가 있어서', '주변 사람들이 문제라서', '아무도 도와주지 않아서'라며 갈등에 주석을 붙이는 일도 좋지 않습니다. 죄 없는 나와 주변 사람들이 괜히 미워지게 됩니다. 대신 이렇게 생각해봐요.

'부모님과 갈등이 있는 건 나뿐만이 아니구나.'

'평생 내가 맡은 역할에 충실하며 살아간다고 상상하면 답답하긴 해. 이런 고민은 원래 내 나이에 다들 하는 거겠지.'

'하고 싶은 일이 많은데 체력이 안 따라주네! 내 몸도 늙긴 하는구나. 하긴 사람이니까.'

'옷을 새로 사고 싶지만 쓰레기를 더 만들면 안 될 것 같아. 이런 고민까지 해야 한단 게 싫지만, 어쩔 수 없지.'

지금 겪는 갈등을 보편적으로 일반화해보는 겁니다. 내가 특별히 모자라고 불우해서 갈등을 겪는 게 아니라, 누구라도 만날 수 있는 갈등이라고 생각하는 거예요. 마음의 무게를 조금 덜 수 있는 방법입니다.

덧붙여, 뭔가 고민 중이거나 갈등 중인 주제가 있다면 '나의 (한정된) 시간을 무엇을 위해 쓸 것인가?'라는 질문을 던져보세요. '한정된 시간'이라는 전제를 두고 우선순위를 매기면, 어떤 결정을 내릴지 비교적 단순하게 정할 수 있습니다.

인간은 한정된 시간을 삽니다

누구도 영원히 성장할 순 없고,
때가 되면 저절로 늙기 시작합니다.
그리고 언젠가는 모두가 죽습니다.
인간의 삶이 유한하다는 건 이런 의미입니다.

 038

우리는 나이를 먹으며 성장하고 노화를 맞이합니다. 18세를 전후해서 신체 능력과 인지능력이 최고로 빛나는 시기가 시작되고, 30세 전후로는 신체적인 능력치가 줄어드는 게 서서히 느껴집니다. 이건 노화의 당연한 양상입니다. 새로운 지식이나 기술을 배우는 속도가 느려지고 '몸이 예전 같지 않다'라는 느낌이 들죠. 여기저기 고장이 나는 시기이기도 합니다.

대단히 애쓰지 않아도 저절로 성장하고, 아무리 발버둥쳐도 노화를 막을 수는 없습니다. 인간의 몸이란 게 그렇습니다. 우리는 어차피 흙투성이입니다. 저마다 이런저런 고민을 하다 끝내 죽음을 맞이합니다. 죽음은 필연적으로 일어나는 사건이므로, 오늘 일어난다 해도 전혀 이상하지 않습니다. 유능하고 인기가 많은 사람에게도 비루하고 못된 사람에게도 공평하게 찾아옵니다.

| '그럼 나는 굳이 왜 살지?'

가끔은 이런 회의적인 생각이 들 수도 있습니다. 산다는 것 자체가 힘들고 고통스러워서 일말의

의미를 찾고 싶어지는 거죠. 이렇듯 인간으로 살아가는 게 어떤 일인지, 어떤 의미가 있는지를 고민하는 걸 '실존적인 고민'이라고 합니다.[*]

문명이 시작된 이래로 철학과 종교는 '고통으로 가득한 삶을 굳이 왜 살아야 하는지', '어떻게 사는 게 인간답게 사는 것인지'에 대한 답을 찾으려 노력했습니다. 그리고 그들이 내린 공통적인 결론은, '인간의 삶에는 의미가 없다'였습니다. 아주 싱거운 결론이죠. 우리의 삶에는 애초에 거창한 의미가 없기 때문에, 인생에서 어떤 본질적인 의미를 찾으려 하면 갈수록 허무해지고 생을 비관하게 될 뿐입니다.

왜 살아야 할까요? 정해진 답은 없습니다. 누구나 인정하는 의미 있는 삶이란 허상입니다. 자신이 살아가는 의미는, 자기 스스로가 만들어야 합니다. 그러니 짧고 유한한 이번 생을 왜 살아야 하는지, 무엇을 이루기 위해 살아갈 것인지 각자 한번 정해봅시다.

---

[*] 실존實存, existence은 인간의 존재 의미와 가치에 대한 철학적 개념입니다.

우리는 언젠가 모두 죽게 됩니다. 그렇다 해서 우울하게만 지내라는 법은 없습니다. 내가 좋아하는 사람들, 나를 좋아해주는 사람들과 함께 부드럽게 미소 짓고 깔깔대는 나날을 보내봅시다. 가령 이렇게 생각하는 거예요.

'주위 사람과 함께 많이 웃어야지. 나와의 기억을 좋은 추억으로 남길 수 있게 해줘야지.'

이 세상을 함께 살아가는 '우리'는, 모두 세상과 시대의 영향을 받습니다

'우리'는 두 명도 될 수 있고 열 명도 될 수 있고,
수천만 명도 될 수 있습니다.
그리고 모든 '우리'는 서로에게 영향을 미치며 살아갑니다.

 039

소설 《파친코》14에는 제2차 세계대전이라는 전 지구적인 사건이 등장합니다. 그 거대한 사건이 개인의 삶에 어떤 영향을 미치는지를 생생하게 그려낸 글이죠.

소설의 초반 배경은 일제강점기입니다. 그간 일제강점기 하면 막연히 독립운동가나 항일운동에 관한 이미지를 떠올리곤 했는데, 책을 읽으며 당대의 평범한 소시민들이 식민지 국민으로서 얼마나 거칠고 피폐하게 살아야만 했는지를 알 수 있었습니다. 그래서 마음이 각박할 수밖에 없다는 사실도요.

6.25 전쟁을 어릴 때 겪었던 분들, 그러니까 지금은 노인이 된 분들은 물건을 좀처럼 버리지 못하고 쌓아두는 경우가 많습니다. 거칠고 가난하게 버텨야 했던 유년의 기억이 잔흔처럼 남아있는 겁니다. 누군가는 이들 세대를 '악착같고' '이기적이고' '이상하게 의심이 많다'라며 섣부르게 비난하지만, 이들이 생존한 역사의 맥락을 생각한다면 '그렇게 될 수밖에 없었다'라는 결론에 다다를 겁니다.

1960년 이전에 태어난 분들은 빈민국을 거쳐 후진국에서 유년기를 보냈습니다. 1980년대에 태어난 저는 어린 시절은 물론 성인이 된 후에도 개발도상국에서 살았고요. 반면 2000년대 이후에 출생한 분들은 선진국에서 태어난 세대입니다. 특히나 지금의 초·중·고등학생들은 스마트폰을 통해 세상을 경험하기 시작한 첫 세대입니다. 이들은 소위 'MZ'라 불리는 지금의 젊은 세대와도 완전히 다른 그룹이 될 겁니다.

짧은 기간에 급변하는 나라에서 살다 보니, 우리는 극심한 세대 갈등에 시달릴 수밖에 없습니다. 조금 뻔한 말이지만 이럴 때일수록 '틀린 게 아니라 다른 것'이라는 문장을 곱씹어야 합니다. 내가 나의 세대에 속하는 사람으로서 고유한 생각이나 가치관을 가진 것처럼, 그들도 그들 세대에 속한 사람으로서의 판단 기준을 가진 것뿐입니다.

사람의 마음을 이해하는 일에 있어서도 역사적 맥락은 중요합니다. 코로나19 팬데믹이라든지 IMF, 6.25 전쟁처럼 시대를 관통하는 거대한 사건을 겪으면 사람(들)의 내면이 망가지기도 하고 심리적인 건강이 나빠지기도 하거든요. 지금 심리 건강에 문제가 있다고 느끼거나 대인관계에서 어려움을 겪는 중이라면, 코로나의 영향을 생각해볼 수 있다는 뜻입니다.

생각이 복잡하고 마음이 불편할 때는 여태껏 살아오며 가까운 사람들에게 어떤 대우를 받아왔는지를 돌이켜보는 것만큼이나 모두가 알 법한 굵직한 사건을 나는 몇 살 때 겪었는지 살펴보는 것도 중요합니다. 지금의 나를 이해하는 데 도움이 될 수 있습니다. 그리고 그 사건을 나의 주변 사람들은 언제 어떤 상황에서 겪었는지를 함께 고려한다면, 타인을 이해하고 나와 타인의 관계 갈등을 이해하는 데 유용한 실마리가 됩니다.

우리는 가부장제가 허물어져 가는
시기를 사느라 고민이 많습니다

시대의 변화를 받아들이는 속도에는 개인차가 있습니다.
머리가 움직이는 속도와 마음이 움직이는 속도도
제법 다릅니다.

 040 🔖

요즘 인터넷에서는 성별 갈등에 관한 기사와 댓글들을 어렵지 않게 접할 수 있습니다. 원색적인 비난과 조롱, 혐오의 표현은 점점 더 강도가 높아지고 있죠. 비단 우리나라만의 이슈도 아니고요.

이러한 갈등이 심화된 원인이나 흐름에 대해서는 각 분야의 전문가가 저마다 다른 해석을 내놓고 있지만, 이유가 뭐든 간에 대립은 팽팽합니다. 우리 모두는 이 주제에 한해서는 자신이 가장 옳다고 생각하는 시대를 함께 살아가고 있습니다. 확고한 가치관을 갖추기 어려울 만큼 여러 거대한 흐름이 대두되니, 나만의 생각을 확립해 마음을 다잡기도 복잡한 게 현실입니다.

다만 시대의 변화 자체를 체감하고 있고, 그 변화를 따라 나의 '생각'도 조금씩 바뀌고 있고, 옳은 방향으로 나아가는 게 더 건강하다고 '생각'한다 하더라도, 정작 내 '마음'은 그렇지 않을 때가 있습니다. 머리의 속도와 마음의 속도가 다른 것이죠. 누구라도 마찬가지일 겁니다.

그러니 부모님과 이 부분에서 가치관이 맞지 않을 때, 이성 관계에서 갈등이 있을 때, 또는 부부 싸움을 하게 될 때는 '변화의 속도가 가팔라서 다 같이 혼란스러운 시대구나', '머리로 이해하고 받아들이는 것과 마음으로 느끼는 건 다른 영역인가 보네' 하고, 조금만 더 너그럽게 생각해보면 어떨까요?

과거 미래

머리는 미래에, 마음은 아직 과거에 있을 수도 있다

> "좋은 사람이 있다면 결혼을 하고 싶어. 결혼은 나쁜 제도라고 생각하는데, 마음 한편에서 결혼을 고려해보는 내가 싫어."
> "세상이 달라졌다는 걸 알지만 자라는 동안 배워온 것도 있어서, 배운 것과 다르게 행동하는 게 늘 쉽지는 않아."
> "나는 나대로 살면 되는데, 그건 아는데……. 남들과 비교를 안 할 수가 없네."

혹시 위와 같은 고민으로 심란하거나 자신이 못마땅하게 느껴진다면, '내가 이런 고민을 하는 건 유독 모순적인 사람이라서가 아니다'라고 생각을 바꿔보세요. 가치관이 급변하는 시기를 살기 때문에 어쩔 수 없는 일입니다. 격동하는 시대, 어떤 행동을 해도 정답이 아닌 것만 같은 때를 살아내는 건 모두에게 골치 아픈 일이니까요.

9장

그래도 사는 동안
덜 괴롭고 싶다면,

이렇게는 살기 싫다면,
어떻게 살고 싶은지를 생각하세요

하기 싫은 건 분명한데
하고 싶은 일이 뭔지는 알 수 없다면,
불만을 피할 수는 있겠지만 만족을 느끼기는 어렵습니다.

 041

현재 자신의 모습이나 주변 사람들과의 관계, 본인이 이룬 성취나 처지에 불만이 있는 분들은 '사람들 앞에서 자신 있게 말하지 못하는 내 모습이 싫다', '스스로가 너무 냉정해서 싫다', '다른 사람이 나를 보고 그런 표정을 짓는 게 싫다'처럼 여러 불만을 꽤 상세히 표현합니다. 헌데 정작 "그럼 어떻게 해야 불편하지 않고 싫지 않을까요?"를 되물으면, 구체적으로 표현하지 못하는 경우가 많습니다.

예를 하나 들어볼게요. 배가 고프다는 A와 B가 함께 밥을 먹기 위해 메뉴를 고르는 상황입니다.

B: 뭐 먹을래? 짜장면?

A: 싫어. 어제 먹었어.

B: 한식?

A: 맨날 먹는 한식을 뭐 하러? 지겨워.

B: 초밥?

A: 나 날것 안 먹잖아.

B: 분식?

A: 속이 안 좋아.

B: 그럼, 뭐? 네가 골라.

A: 몰라. 아, 배고파!

감이 오지 않나요? **싫어하는 걸 피하는 방식으로 결정을 내리려 하면 만족스러운 결과를 얻기가 어렵습니다.** 갖고 싶은 것, 성취하고 싶은 것, 이루고 싶은 것들을 낚아채기 위한 결정을 해야 합니다. '행복' 같은 추상적인 단어를 그릴 때도 마찬가지입니다. '이러고 있는 게 불행하다', '행복하지 않다'라고 느낀다면, 불행한 이유를 자꾸 따지고 분석하기보다는 무엇을 해야, 어떤 상태여야 행복해질 수 있을 것 같은지를 구체적으로 만들어야 합니다. 행복의 조건은 구체적이지 않은데, 불행의 조건만 잔뜩 구체적이라면 당연히 행복해지는 건 어렵고 불행해지는 건 쉽습니다.

행복의 조건을 구체화할 때는 그 조건이 '현실적으로' 달성 가능한 것인지도 검토해야 합니다. 내가 행복해지기 위한 조건으로 꼽은 게 온통 비현실적인 것들뿐이라면 행복을 이루는 일도 불가능할 테니까요. 그러니 우선은 행복해지기 위한 조건을 구체화하고, 조건의 실현 가능성을 꼭 따져보세요. 조건이 비현실적이라면, 슬프고 서럽겠지만, 현실에 맞게 수정해야 합니다.

태산은 티끌이 모여서 만들어진 겁니다

많은 스트레스를 한 번에 없애려 하지 말고,
부분부분 나눠서 해소한다고 생각해보세요.

 042

카드 청구 금액을 보면, 이번 달에 통장에서 빠져나갈 돈이 너무 많아서 깜짝 놀랄 때가 있습니다. '이렇게 많을 리가 없는데' 싶어서 한 달 동안 카드를 긁었던 내역을 확인하면 그제야 기억이 새록새록 납니다. '아 맞네. 내가 다 썼네.'

역시 티끌 모아 태산인가 봅니다.

스트레스 해소도 이렇게 생각하면 쉽습니다. 내 안에 쌓여있는 그 많은 스트레스를 한 번에 없애려 하지 말고, 부분부분 나눠서 해결한다고 생각하세요. 자잘한 소액결제 금액이 모여서 거액이 되는 것처럼, 큰 스트레스를 덩어리를 분해하면 규모가 작고 시시한 '스트레스 조각'만이 남습니다. 이런 조각들은 시시하게 풀릴 수도 있어요.

예컨대, 지금 내 안에 쌓인 스트레스의 총량을 100이라고 가정해봅시다. 어떻게 해소하는 게 좋을까요?

친구들에게 하소연 -30
느긋한 산책 -30

매운 음식 -20
좋아하는 게임 -10

'스트레스 조각'을 하나하나 녹이다 보면 끝내 스트레스는 10 정도 남습니다. 그리고 10 정도는, 굳이 완전하게 없애지 않더라도 못 견딜 만한 정도는 아니죠. 이처럼 스트레스가 해소된다고 느껴지는 활동을 여러 개 마련해두면 좋습니다. 그러면 그 여러 가지 활동을, 때에 따라 돌려가면서 활용할 수 있습니다. 이제 스트레스 해소를 위한 나만의 리스트를 한번 만들어보세요. 그 사소한 활동들이 나의 마음을 지켜줄 거예요.

다만 이 리스트를 짜는 데는 전제 조건이 있습니다. 본인에게 유해하지 않고, 남에게 피해를 끼치지 않을 것. 술이나 담배, 게임이나 유튜브 시청도 스트레스 해소에 도움은 되겠지만, 일상을 방해하고 건강을 해칠 만큼 과하게 해서는 안 됩니다. 이런 행동은 정도가 지나치면 '자기 파괴적인 활동'으로 변질됩니다. 스트레스가 즉각적으로 해소되는 효과가 있긴 하지만 너무 과하면 스트레스가 더 쌓여버리죠.

건강하게 스트레스를 해소할 수 있는 활동으로 제가 추천하는 것은 산책과 청소, 목욕이나 샤워입니다. 등산이나 동네 사진 찍기, 일기 쓰기, 싫어하는 사람에 대한 욕 쓰고 그 종이 찢어버리기, 친한 사람에게 안부 카톡 해보기 등도 추천합니다. 강아지나 고양이가 나오는 영상 보기, 아름다운 풍경이나 이국적인 풍경을 감상하는 것도 심신의 안정에 도움을 줍니다.

기분 전환이 필요할 땐 산책을 해보세요

아는 길이든 모르는 길이든, 걸어 다니는 것 자체가
기분 전환에 탁월한 효과가 있습니다.

 043

산책은 몸에도 좋고 마음에도 좋고 대인관계에도 도움이 됩니다. 신체 건강 면에서는 물론 뇌과학 분야에서도 충분히 그 효과가 증명되었죠. 책이나 기사마다 권유하는 산책 방법은 가지각색이지만, 결국 어디서든 어떻게든 밖으로 나가서 가볍게 걷는 일이 집에 있는 것보다 훨씬 낫다는 사실만은 분명합니다.

《길 잃은 사피엔스를 위한 뇌과학》이라는 책에는 걷기(또는 산책)가 단순히 만병통치약을 넘어, 개인의 경험 및 정신세계 확장에까지 영향을 준다는 놀라운 이야기가 등장합니다.[15] 책의 제목은 얼핏 삶의 목적을 상실한 인간에 대한 은유처럼도 읽히지만, 내용은 순수하게 호모 사피엔스의 '길 찾기 능력'에 관해 분석하는 과학서입니다.

저는 책을 읽는 내내 어릴 때 걸어 다녔던 골목의 이미지와 학교 가는 길에 마주쳤던 친구들의 모습, 시골에서 마구 돌아다녔던 산과 냇가의 풍경, 좁고 울퉁불퉁했던 그 길들을 떠올렸습니다. 동시에, 도통 차가 다니지 않는 골목이 없어 자유롭게 거닐 기회조차 얻기 힘든 요즘 학생들의 경험과 마음에 대해서도 생각해보게 되었습니다.

할 일이 많은데 마음이 어수선하고 집중이 잘 안 될 때는, 안 풀리는 일 때문에 머리를 쥐어뜯기보다는 그냥 대충 걸쳐 입고 밖으로 나가서 걸어보세요. 그리고 걷는 동안 스마트폰 화면이 아니라 길과 건물들, 주변의 풍경을 살펴보세요. 요즘은 마스크를 써도 전혀 이상하지 않은 시대이니 씻지 않았어도 대충 가리고 나가봅시다. 사람들은 사실 다른 사람을 뚫어져라 쳐다보지 않고, 그가 누구인지 깊게 궁금해하지도 않습니다.

남이 찍은 브이로그도 일부러 찾아보는 세상이지만, 아무리 멋지게 촬영한다 해도 실제의 깊이감과 질감과 냄새까지 구현할 수는 없어요. 내 발로 직접 걸어 다니면서 바깥세상을 구경해봅시다.

위로가 필요할 땐
피부에 따뜻하고 부드러운 자극을 주세요 🔍

사람은 생각보다 더 동물 같습니다.
마음이 힘들 때 부드러운 무언가로 피부를 자극하거나
따뜻하게 만들어주면,
그게 그렇게 위로가 된다고 합니다.[16]
그래서 울적할 때는 샤워가 효과적이고,
옆에서 누군가 아무 말 없이 다독여주기만 해도
마음이 노곤노곤 풀어집니다.

 044

따뜻한 물로 목욕을 하면 긴장이 완화되고 스트레스가 해소됩니다. 특히 욕조에 몸을 푹 담그는 게 최고예요.

입욕은 잠이 솔솔 오게 도와주고, 심지어는 운동을 한 것과 유사한 효과가 있다고도 합니다.[17] 최대 40°C를 넘지 않도록, 38°C 정도를 유지하면서 10~15분 정도 따끈한 물에 몸을 담그면 긴장이 풀리고 기분이 좋아지는 효과가 극대화된다고 해요.

로션을 마사지하듯 바르는 것도 긴장을 푸는 데 좋습니다. 부드러운 인형 혹은 담요를 끌어안거나 가만히 몸을 대고 있는 것도 도움이 됩니다. 왠지 불안한 기분이 들 때, 별다른 이유 없이 초조함이 느껴질 때, 괜히 외로워질 때 이렇게 피부를 따뜻하고 부드럽게 자극해보세요. '피부에 기분 좋은 자극이 오면 뇌도 좋아하는 거구나' 정도로 생각해보면 어떨까 합니다.

물론 내가 아닌 누군가가 나를 안아주거나 쓰다듬어주는 것도 좋겠지만, 따뜻한 물과 부드러운 천만으로도 대체가 가능하다고 하니 사용하지 않을 이유가 없죠.

이런 방법들은 시시할 정도로 간단해 보이지만 효과는 확실합니다. 저는 불안이나 초조감에 유독 약한 분, 몸이 자주 굳는 분, 수면에 문제가 있는 분과 상담을 할 때 이런 방법들을 추천합니다. 의외로 도움이 된다는 후기도 자주 들었고요. 심지어 어떤 분은 '고작 목욕한다고 좋아지겠어?'라는 생각으로 입욕을 시작했다가, 욕실을 나오며 자기도 모르게 콧노래를 흥얼거리는 걸 알아차렸다고 합니다. 뭔가 진기분이긴 했지만, 어이가 없을 정도로 효과가 있어서 좋았다는 그분의 소감이 기억에 남습니다.

맞아요. 어이가 없을 정도로 간단한 방법이지만, 효과가 좋다니 안 해볼 이유가 없겠죠?

가슴이 너무 답답하고 잠이 안 올 땐 숨을 느리게 쉬어보세요

호흡을 기-일-게 해보세요.
여러 번 배를 잔뜩 내밀었다가 천천히 숨을 내쉬고,
또 여러 번 반복하세요.
일단 해보세요. 잘 못해도 되고,
잘 안 된다고 해도 괜찮습니다.

 045

숨을 느리게 쉬는 일 자체가 몸과 마음을 편안하게 하는 데 도움이 됩니다. 시시한 방법이지만 정말로 큰 효과가 있어요. 호흡은 자율신경계의 중요한 조절 요소이기 때문에, 숨을 느리게 쉬는 것만으로도 심혈관계와 신경계가 조화를 이루게 됩니다. 그러면 편안함, 이완, 쾌적함, 활기가 찾아오고, 주의력이 증가하고, 각성, 불안, 우울, 분노, 혼란 등의 증상이 감소합니다.[18]

사람의 몸에는 일할 때와 쉴 때의 모드를 전환해주는 자동 시스템이 있습니다. 이 시스템의 이름이 바로 '자율신경계'인데요. 일할 때의 모드를 '교감신경계가 활성화된 상태'라고 부르고, 쉴 때의 모드를 '부교감신경계가 활성화된 상태'라고 부릅니다.

신체 내부에서는 자율신경계의 작용이 매우 중요합니다. 신체적으로 일정한 상태가 유지되어야 건강하고 기능적일 수 있거든요. 이와 같은 '자율신경계 항상성의 원리'에 따라, 일을 하거나 공부를 하거나 운동을 한 뒤에 우리 몸은 쉬려고 합니다. 휴식을 하면 피로가 쌓이지 않고 재충전과 회복을 이룰 수 있거든요. 적당히 쉬고 나서 일해야 하는 상황이 오면, 몸이 알아서 몸과 마음을 일하는 상태로 바꿔줍니다. 교감신경계가 활성화되면 부교감신경계는 꺼지고, 교감신경계가 꺼져야 부교감신경계가 활성화되는 겁니다.

즉 우리는 일하면서 쉴 수 없고, 쉬면서 일할 수 없습니다. 우리 몸 자체가 일하거나 쉬거나, 둘 중 하나밖에 하질 못합니다. 일하는 모드를 켤지 쉬는 모드를 켤지는 우리 몸이 알아서 정하기 때문에, 이런 시스템을 '자율'신경계라 부르는 거고요.

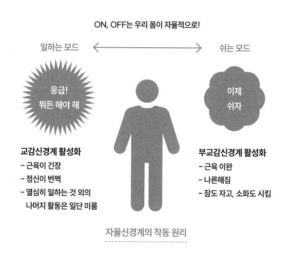

ON, OFF는 우리 몸이 자율적으로!

일하는 모드 ←————————→ 쉬는 모드

응급!
뭐든 해야 해

이제
쉬자

교감신경계 활성화
- 근육이 긴장
- 정신이 번쩍
- 열심히 일하는 것 외의
  나머지 활동은 일단 미룸

부교감신경계 활성화
- 근육 이완
- 나른해짐
- 잠도 자고, 소화도 시킴

자율신경계의 작동 원리
- - - - - - - - - - - - - - - - - - -

만약, 몸이 '이젠 좀 쉴 때가 되었다'라며 부교감

신경계를 활성화했는데 우리가 거기에 따르지 않고 뭔가를 더 해보겠다며 허벅지를 꼬집거나 커피를 마시면 어떻게 될까요?

몸은 일단 그 뜻을 따라줍니다. 교감신경계를 활성화하는 상태를 유지하는 거예요. 하지만 이렇게 인위적으로 일하는 모드와 쉬는 모드를 조절해버리는 일이 반복되면, 쉬는 모드인 부교감신경계가 제대로 활성화되지 못하거나 자율신경계가 파업을 해버릴 수도 있습니다.

부교감신경계가 활성화되어야 잠도 자고 소화도 할 수 있어요. 부교감신경계에 문제가 생기면 자연히 수면의 질이 나빠지고 소화도 어려워집니다. 또는 괜히 초조하고 쫓기는 듯한 기분을 느낀다든가 별일 없는데도 안절부절 못하고, 쉬어도 쉬는 것 같지가 않게 됩니다. 최악의 경우 공황 증상이나 위경련처럼 일상에 큰 불편과 고통을 주는 결과로 이어질 수도 있습니다.

혹시 부교감신경계에 문제가 있다고 느껴진다면, 우선 부교감신경계를 강제로 깨우는 활동을 시도

해봅시다. 바로 느리게 숨을 쉬는 거예요.

원리는 간단합니다. 교감신경계가 활성화된 상태의 몸은 '지금, 위기 상황이구나'라고 생각합니다. 위기 상황에서는 부딪혀 싸우든지 도망을 가든지 해야 하죠. 근육에 산소와 혈액을 잔뜩 공급해주기 위해 숨이 가빠지고, 심장이 빨리 뛰게 됩니다. 반면 일부러 숨을 느리게 쉬면, 우리 몸은 '아, 이제 쉬어야 할 때구나'라고 인식하고 부교감신경계를 켜줍니다. 물론 빠르게 뛰는 심장을 인위적으로 느리게 뛰도록 만들 수는 없지만, 호흡만큼은 느긋하게 쉬어볼 수 있겠습니다. 처음에는 어렵겠지만, 훈련을 거친다면 침착이 필요한 긴장 상황에서 요긴하게 활용할 수 있을 거예요.

스트레스로 배가 자주 아픈 분들도 마찬가지입니다. 이유 없이 위가 쓰리거나 뱃속이 진동하기 시작한다면 호흡을 늦춰보세요. 그 외 다양한 신체화 증상이 있는 분에게도 이 호흡법의 효과는 유효합니다. 여기에는 경련이나 마비, 과호흡이나 공황도 포함됩니다. 공황이나 경련 같은 신체화 증상은 때를 가리지 않고 갑자기 나타나곤 합니다. 이런 증상 자체를 없애거나 막으려 애쓰기보다는, 차라리 증상이 나타났을 때 빠르게 대응하는 편이 효율적이고 부작용도 적습니다. 평소에 호흡을 미리 연습해두면 더욱 좋고요.

갑자기 심장이 빨리 뛰고, 땀이 흐르고, 머리가 하얘지는 것 같고, 어지러워지는 등 신체적인 변화가 느껴진다면 자리에 우뚝 멈추세요. 그리고 천천히 심호흡을 하세요. 소리 내어 숨을 쉬면서 속으로 숫자를 세는 것도 도움이 됩니다. 숨을 깊게 들이마시지는 않아도 됩니다. 그저 '천천히' 쉰다고 생각하세요. 호흡을 천천히 하는 것만으로도 신체는 이완됩니다. 당황해도 괜찮고, 죽을 것 같은 기분에 공포스러워도 괜찮습니다. 그래도 할 수 있습니다. 그냥 숨을 쉬면 됩니다. 크게, 기-일-게, 천천히.

아름다움이 당신을 위로하고,
귀여움이 세상을 구원할 거예요

마음이 우울할 때는 아름다운 걸 보고, 듣고,
감동에 젖어봅시다.
그러면 현실의 고통에 잠시나마 둔감해질지도 모릅니다.

 046 🔖

아름다움은 사실 실용성과는 거리가 멉니다. 그럼에도 불구하고 인간은 늘 아름다움을 추구해왔죠.

심지어 동식물들도 아름다움을 추구합니다. 아름다운 외모는 대체로 눈에 띄고, 따라서 포식자와 피식자 모두에게 들키기 쉬우며, 민첩하게 도망가거나 추적하는 데 방해가 되기도 합니다. 그럼에도 공작은 날아다니는 능력을 희생하면서까지 화려한 꼬리를 선택했습니다.

아름다운 무언가를 보거나 아름다운 소리를 들으면, 우리는 감탄하고 감동을 받고 긍정적인 감정이 피어나는 것을 느낍니다. 때로는 마음의 긴장이 풀리기도 합니다. 다양한 연구를 통해 시각예술이 심리적·신체적 복지를 향상시킨다는 사실이 확인되었고, 음악으로 위안을 받은 경험은……. 굳이 말하지 않아도 되겠죠.

한번, 산에 가는 상상을 해봅시다. 그 산에서 뱀과 꽃이 동시에 출현했다고 가정해볼게요. 보통은 뱀을 보고 도망칠 겁니다. 그게 생존에 더 유리하니까요. 그런데, 산에 백 번을 오르는 동안 꽃은 단 한 번도 쳐다보지 않고 뱀만을 경계하며 걸어 다닌다면 어떨까요? 꽃이 예쁘게 피어있는데도 눈길조차 주지 않고서 그저 뱀만을 생각하며 산을 오른다면요.

이렇듯 위험하지 않기 위해, 그저 살아남기 위해 애쓰기만 하는 삶은 내내 삭막하거나 두려울 수밖에 없습니다. 사람들은 흔히 위험을 피해 도망가고, 안전한 장소에서 집을 지어 삶을 꾸리는 것만을 '생존'과 연결 지어 생각합니다. 하지만 꽃의 아름다움을 누리는 것도 생존에 있어 중요합니다. 아름다운 걸 누리려는 경향성이나 흥미로운 걸 추구하는 짜릿한 마음도 더 나은 생존을 위해 반드시 필요한 요소입니다. 두려운 마음만으로 살아가기엔 삶이 너무 길잖아요.

마음이 초조하거나, 슬프고 위축되는 날에는 예쁜 사진 혹은 영상을 일부러라도 찾아보세요. 어쩌면 우리가 아름다움에 쉽게 매료되는 건 현실이 비루하기 때문일지도 모릅니다. 그러니 힘든 때일수록 아름다움의 위로가 필요합니다. 멋진 풍경을 검색하거나 한때 내 마음을 움직였던 음악들을 다시 듣는 것도 좋은 방법입니다. 귀여운 것도 빼놓을 수 없죠. 귀여운 걸 보면 괜히 마음이 몽글몽글해지고 긴장이 이완되거든요. 이건 심지어 진화적으로도 유효했습니다 (인류가 아직 멸망하지 않은 건, 아기가 귀엽게 생겼기 때문일 겁니다).*

사람은 평생, 매 순간 생산만 할 수는 없습니다. 쉬엄쉬엄 긴장을 풀고 즐거운 감정을 만끽하는 시간이 꼭 필요합니다. 그림, 음악, 영화를 만들고 즐기는 모든 과정은 얼핏 전혀 생산적이지 않은 활동들로 보입니다. 하지만 원시시대에도 동굴에 벽화를 남긴 게 우리 조상입니다.

그러니 웃긴 영상이나 감동적인 영화, 귀여운 아기와 동물이 등장하는 영상들을 실컷 만끽하세요. 불편하고 힘든 기분을 해소해주는 열쇠가 될 겁니다.

꽃잎은 쓰레기여도 예쁨을 받습니다. 똑같은 이파리라도 단풍철에는 사람들이 구경을 다니고, 길거

---

* 동물들이 아기 시절에 귀여운 외모를 보이는 게 진화적으로 중요한 요소라는 주장이 있습니다. 이러한 귀여움은 생존 및 번식에 관한 '본능적인' 행동을 유발하는 데 큰 기여를 한다고 합니다.

리 낙엽도 색이 예쁠 때는 행인들의 사진 세례를 받습니다. 아름답다는 게 그렇습니다. 사람 마음을 풀어주는 효과가 큽니다.

부디, 예쁜 거 많이 보세요.
귀여운 거 많이 찾아보세요.

아프고 슬픈데도 잘 살기 위해 애쓰는 당신에게

슬프고 아플 때도 일상을 유지하면서 주위 사람들까지 생각하는 당신, 정말 대단합니다.

마음에서 우러나지도 않는 희생과 양보를 하면서, 즐겁지도 행복하지도 않은 세상살이를 포기하지 않고 살아내는 당신은 이미 충분히 괜찮은 사람입니다.

그럼에도 불구하고 더 나은 미래, 더 나은 관계, 더 나은 내가 되기 위해 싫은 일을 꾸역꾸역 하는 당신은 참으로 위대합니다.

**당신의 안녕을,
진심으로 기원합니다.**

@Time_with_mind

…

- 오늘도 잘 살기 위해 노력한 나에게, 격려와 칭찬의 한마디를 남겨주세요.

- 나쁜 생각을 줄이려 애쓰는 대신 좋은 생각을 늘리자는 말, 잊지 않았죠? 오늘의 좋은 생각 한 가지를 기록해봅시다.

- 상담사의 노트에서 가장 좋았던 문장 하나를 옮겨보세요.

감사의 말

여느 책들을 보면 늘 감사의 말이 있어서, 저도 언젠가 한 번은 꼭 써보고 싶었습니다. 우선 출간 제의를 해주신 분께 진심으로 감사의 인사를 전합니다. 책을 써보면 좋겠다 하는 마음이 조금 있긴 했지만 엄두조차 내지 못했는데, 덕분에 하고 싶은 말들을 정리할 수 있어 좋았습니다.

내용을 추리는 동안 그간 만나온 분들이 생각났습니다. 트위터 타래에 달려있던 댓글들도 새삼 다시 읽어보았습니다. 그 기억과 경험이 용기가 되었습니다. 복잡하고 모호한 생각들을 체계적으로 정리할 수 있었던 건 모두 많은 분의 이야기와 피드백 덕분이었습니다.

한분 한분 언급할 수 없을 정도로 수많은 분으로부터, 특히 가족으로부터 응원과 격려, 지지와 도움을 받았습니다. 제게 지식과 기술을 아낌없이 전수해주신 스승님들께 고개 숙여 감사드립니다. 또 그간 저와 이야기를 나누어주신 모든 분들께, 진심으로 깊은 감사를 전합니다.

주

1   èverine Sabia, Aurore Fayosse, Julien Dumurgier, Vincent T. van Hees, Claire Paquet, Andrew Sommerlad, Mika Kivimäki, Aline Dugravot & Archana Singh−Manoux, Association of sleep duration in middle and old age with incidence of dementia, *Nature Communications* Vol.12, 2021.

2   Eti Ben Simon, Raphael Vallat, Aubrey Rossi, Matthew P. Walker, Sleep loss leads to the withdrawal of human helping across individuals, groups, and large−scale societies, *PLOS BIOLOGY*, 2022.

3   주디스 리치 해리스, 《개성의 탄생》, 곽미경 옮김, 동녘사이언스, 2007.

4   임세원, 《죽고 싶은 사람은 없다》, 알에이치코리아, 2021.

5   스벤 브링크만, 《불안한 날들을 위한 철학》, 강경이 옮김, 다산초당, 2022.

6   Steven C. Hayes·Spencer Smith, 《마음에서 빠져나와 삶 속으로 들어가라》, 문현미·민병배 옮김, 학지사, 2010.

7   로빈 던바, 《그루밍, 가십, 그리고 언어의 진화》, 한형구 옮김, 강, 2023.

8   이고은, 《심리학자가 사랑을 기억하는 법》, 아몬드, 2022.

9   유튜브 채널 '조승연의 탐구생활', "미국판 살인의 추억?! us [원스어폰어타임 인헐리우드] 역사 배경 설명 ┃히피문화, 찰스맨슨 ┃조승연작가", youtu.be/ Hz2k3NoOjNE?si=KGDva9pFAO9OMc3P.

10 애나 렘키, 《도파민네이션》, 김두완 옮김, 흐름출판, 2022.

11 대니얼 길버트, 《행복에 걸려 비틀거리다》, 최인철·서은국 옮김, 김영사, 2006.

12 벨기에의 극작가 모리스 마테를링크가 1908년에 발표한 희곡, 《파랑새 (L'Oiseau bleu)》를 말하는 것.

13 Robert J. Havighurst, 《Developmental Tasks and Education》, Addison-Wesley Longman Ltd, 1972.

14 이민진, 《파친코》, 신승미 옮김, 인플루엔셜, 2022.

15 마이클 본드, 《길 잃은 사피엔스를 위한 뇌과학》, 홍경탁 옮김, 어크로스, 2020.

16 로빈 던바, 《던바의 수》, 김정희 옮김, 최재천 해제, arte, 2018.

17 Can a Hot Bath Deliver the Same Results as Exercise?, Debra Rose Wilson, healthline, 2018.09.29.
Having trouble sleeping? Try a Hot Bath Before Bed, heathline, 2019.07.25.

18 Marc A. Russo, Danielle M. Santarelli, and Dean O'Rourke, The physiological effects of slow breathing in the healthy human, *Breathe (Sheff)*, 13(4), 2017.
Valentin Magnon, Frédéric Dutheil & Guillaume T. Vallet, Benefits from one session of deep and slow breathing on vagal tone and anxiety in young and older adults, *Scientific Reports* Vol.11, 2021.
Andrea Zaccaro, Andrea Piarulli, Marco Laurino, Erika Garbella, Danilo Menicucci, Bruno Neri, Angelo Gemignani, How Breath-Control Can Change Your Life: A Systematic Review on Psycho-Physiological Correlates of Slow Breathing, *Frontiers in Human Neuroscience* Vol.12, 2018.

그래도 사는 동안 덜 괴롭고 싶다면

인생에 도움이 되는 어느 상담사의 노트

초판 1쇄 발행 2024년 8월 23일

지은이 최효주
펴낸이 성의현
펴낸곳 미래의창

편집주간 김성옥
책임편집 조소희

홍보 및 마케팅 연상희 · 이보경 · 제민정 · 이건효

출판 신고 2019년 10월 28일 제2019-000291호
주소 서울시 마포구 잔다리로 62-1 미래의창빌딩(서교동 376-15, 5층)
전화 070-8693-1719 팩스 0507-0301-1585
홈페이지 www.miraebook.co.kr
ISBN 979-11-93638-39-2 03180

※ 책값은 뒤표지에 있습니다.